JN216418

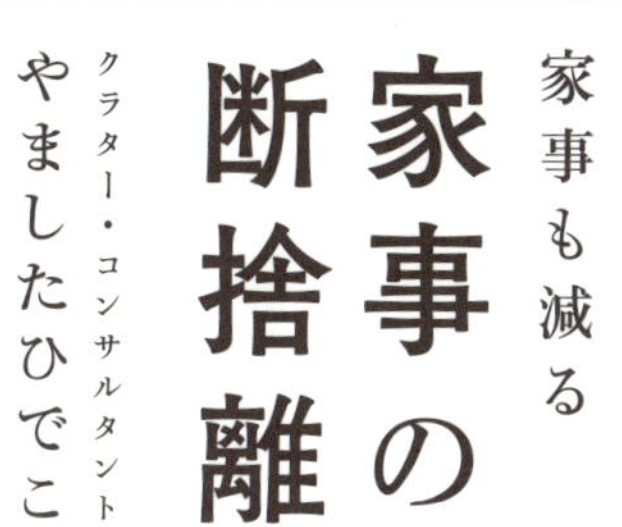

モノが減ると、
家事も減る

家事の断捨離

クラター・コンサルタント
やましたひでこ

大和書房

はじめに

じつは私も家事が苦手でした

ごきげんさまです。やましたひでこです。

みなさん、家事はお好きですか？　苦手ですか？

「断捨離と家事」をテーマにたびたび講演や執筆をしている私も、じつは家事が苦手でした。断捨離セミナーの受講生さんとお話しするうち、家事について多くの方がこんな悩みを抱えていることがわかりました。

・片づけても片づけても部屋が片づかない
・「きちんと家事ができていない」と後ろめたさを感じている
・食事の献立を考えるのが億劫だ
・家計簿をつけているのに節約できない
・「いつかやろう」と思っている家事が先延ばしになっている

・1日中家事に振りまわされ、ストレスがたまっている

本書はまさに、こうした方々に向けて書いたものです。かつての私にも心当たりがあります。家事って、本当に大変ですよね。

昭和初期を舞台にしたテレビドラマで、登場人物がこう叫ぶシーンがありました。

「家事って、本当に重労働なんだから！」

もちろん当時と比べたら、今は比べものにならないほど家事はラクになっています。機械化され、手間も時間も大きくカットされましたからね。とはいっても、やっぱり家事は、今も変わらず大変な作業。「やらなきゃ」という心理的な負担も大きいし、毎日毎日繰り返していかなければならないもの。

この家事が愉しくなれば、ずいぶん暮らしが面白くなると思いませんか。

家事を愉しく面白く

家事は、9割以上がメンテナンス作業です。

「断捨離」を通して、メンテナンスには大きな価値があるとわかってきました。私自身、

昔は何かをつくることこそ価値のあることだと思っていました。でもそうではない。何かをつくることは大事だけれど、つくったものを「維持管理＝メンテナンス」していくことも同じように価値があると気づいたのです。

だから清掃作業にたずさわる方々がもっと尊敬されていい。「掃除のおばさん」ではないと思うのです。そして、主婦や主夫の方々にはもっと胸を張っていただきたい。家事＝メンテナンスという、とても価値のあることをしているのですから。一方で、「家事は、大変だけれど価値がある。価値があるけれど大変」という図式を私は壊したいのです。

家事＝価値がある＝愉しく面白く

本書は、家事仕事をスキルアップするマニュアル本でもなければ、精神修行のすすめでもありません。

モットーは、「家事を愉しく面白く」。

家事を面倒で大変なものにしている、ありとあらゆる「思い込み」を断捨離することが本書の目的です。では「断捨離」について、ここで基本をおさえておきましょう。

- 断……なだれ込むモノを「断」つ
- 捨……いらないモノを「捨」てる
- 離……「断」と「捨」を繰り返し、モノへの執着から「離」れる

そう、断捨離とは、自分とモノとの関係を問いただしていくトレーニング。断捨離は「捨てる」に焦点が当てられがちですが、じつは断捨離することで「拾っている」ものがあるんですよ。「拾っている」ものとは何でしょうか？

モノには手間と時間と空間がセットでついてくる

左の図を見てください。モノには必ず、維持管理という「手間」と「時間」と「空間」がくっついてまわります。

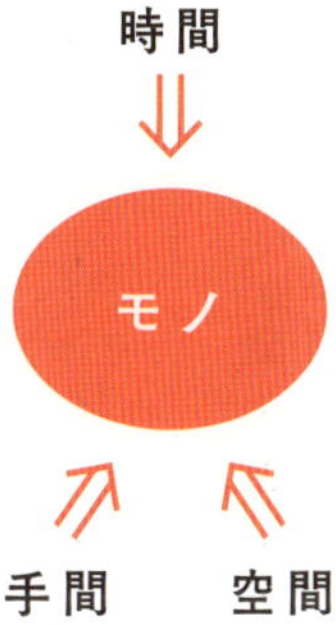

「家事を愉しく面白く」するためには、モノを捨てることが第一歩。モノを捨てずに「収納」してしまったら、それはただのモノの移動。モノを右から左に動かしても、メンテナンスの手間と時間と空間が減るわけではないのですから。

計算式で表してみると、こうなります。

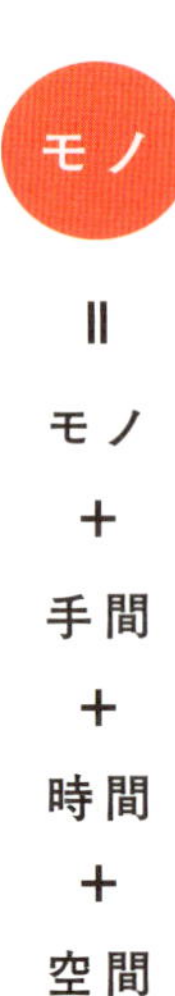

人間は、手間のかかることを面倒くさいと思うもの。余計なモノを捨てることによって、余計な手間が省けるのです。そして、余計なモノを捨てることによって、時間と空間という「間」があなたに戻ってきます。「拾っている」モノとは「間」、つまり心のゆとりなのです。

夜、仕事から帰って、くたくたに疲れ果てて家事をしている人も多いでしょう。特に子育て中の方は夕方以降、いかに家事を時間短縮できるかが勝負ともいえます。

専業主婦（主夫）の方もずっと家で家事をしているわけではありません。昼間は家事以外のことに時間を使いたいもの。

そこで、平日夜の家事を「夜家事」と名づけ、まずはここから、いかに「愉しく面白く」するかをお話しします。「ただいま」から始まる家事ですね。これが第2章です。

「夜家事」に対して、朝起きて出かけるまでにする家事が「朝家事」。

朝が苦手な人も多いでしょうから、「早起きしてやりなさい」なんて言いません。出かける前にこれだけしておけば帰って来たときスムーズですよ、という家事のポイントをあげました。これが3章です。

平日の「夜家事」「朝家事」に続き、土日祝日にする家事が4章の「週末家事」。

週末家事のモットーは、「休日を家事でつぶさない！」。平日にため込んだ家事を週末にまとめてやろうとすると、せっかくの休みが家事で終わってしまいます。有意義な家事とのつきあい方をお話しします。

断捨離を通して、思い込みを捨て、手間を減らし、身も心も軽くなるために。

断捨離を通して、多くの受講生さんが、そして私が「家事の悩みのループ」を手放したように。本書でご一緒にトレーニングしていきましょう。

やましたひでこ

家事の断捨離

モノが減ると、家事も減る

もくじ

第1章 「家事の常識」を断捨離する

第2章

夕方6時からの「夜家事」

「ただいま」から始まるしなやか家事

第3章

朝6時からの「朝家事」

「いってきます」の前にこれだけは

洗濯のルール

支度のルール

コラム

第4章

「週末家事」

休日を家事で
つぶさない！

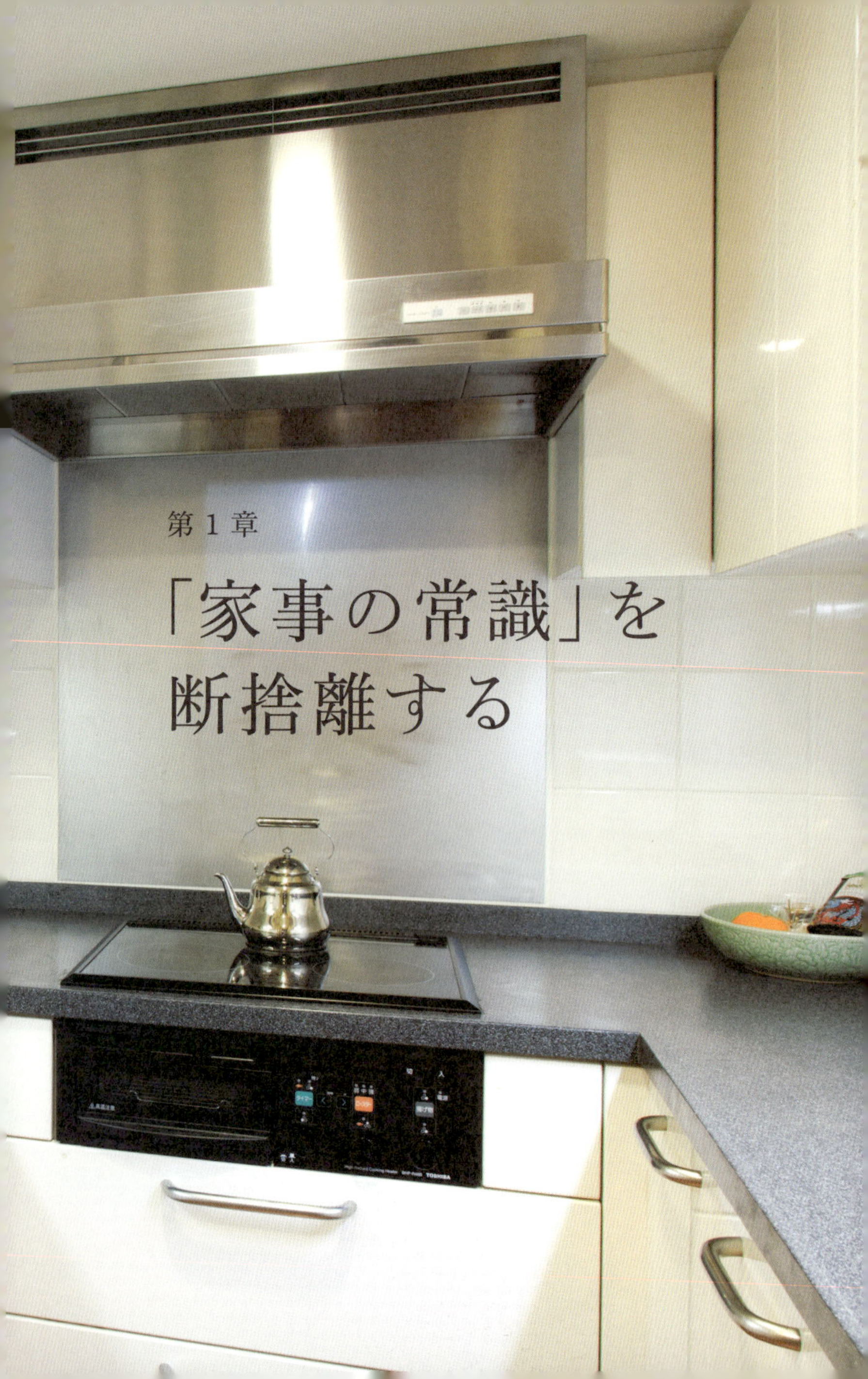

第１章

「家事の常識」を断捨離する

その1

「収納」では片づかない

「収納」こそが家事を大変にしている

これから家事について、「こうすべき」「これが正しい」と思い込んでいたことを、1つひとつ検証していきましょう。その思い込みこそ、家事を面倒で大変なものにしているのですから。

トップバッターが、「収納」です。

モノを収納したら、散らかった部屋が片づくと思っていませんか？

ごちゃごちゃしたモノを収納グッズで分類しようとしていませんか？

断言します。「収納」で問題は解決しません。「収納」がいかに家事を大変にしているか、あるお宅の例を見てみましょう。

雑誌の「断捨離ビフォア・アフター」企画で訪れたお宅。

30代のご夫婦に、お子さんが5人。末っ子はまだ赤ちゃん。よくがんばっているなあと感心します。

生活必需品を買うことに時間とエネルギーを注ぐことが最優先。子どもたちはおなかを空かせて食事を待っている。衣類もたくさん準備しておかなくては。おもちゃも勉強道具も更新していく必要がある。

そんな生活の中で、モノを始末していくことに時間もエネルギーも注いではいられません。料理好き、もてなし好きのお母さんは、食材が詰まった大型冷蔵庫と食卓テーブルにはさまれて、料理に精を出しています。調理道具がぎっしりの棚から、鍋やフライパンを器用にとりだして。収納扉の前には、特大サイズの調味料（これも問題）がキッチンの床に直置き（これも大問題）され、開かずの扉になっています。

冷蔵庫は扉を全開にしても、見える食材は表面だけ。奥に何がストックされているかはわかりません。だから食料品はすべて二重買い。食料を確保するためには、とにかく買い続けるしかありません。

納戸という名の「ゴミ捨て場」

各部屋には備えつけ収納がありますが、どこもパンパン。入りきらないモノは床にあふれています。では、どうするか？

そこで、一番身近なところに「捨てる」わけです。

それが、納戸という名の「ゴミ捨て場」。階段下の一畳にも満たない空間に、使わなくなったおもちゃ、お母さんの手作り品、お父さんの趣味のモノやキャンプ道具などが押し込まれています。

生ゴミや紙くずは、指定された曜日にゴミ出しするけれど、ちょっと大きいモノになると、とたんに捨てるのが億劫になる。捨て方が限定されていたり、粗大ゴミ業者に連絡する必要があったり、料金がかかることもありますからね。そこで、24時間利用可能な、手近で便利な「ゴミ捨て場」が登場するわけです。

問題なのは、ときどき「ゴミ捨て場」に必要なモノが入り交じること。手間と時間とエネルギーを使って発掘作業が行われます。

モノが納戸に移動したことによってリビングには空間が生まれ、当人は「それなりに片づいている」とも思っています。いわゆるゴミ屋敷ではありません。「オシャレな部屋」を演出しようとしてもいます。壁や棚には、かわいいディスプレイが置かれたり、つり下げられたり。でもそのじつ、「オシャレグッズ」はホコリまみれ。あたり前ですよね、掃除ができないのですから。数多くのモノを1つひとつとりあげて、「掃く・拭く・磨く」の作業。そんな手間も時間もエネルギーもあるはずがありません。

「収納」で解決しようとして、問題が大きくなっていることに気づいていないのです。

5ページで、「モノには、維持管理する手間と時間と空間がセットでついてくる」とお話ししました。さらに、ここではモノを「意識」の面から見ていきましょう。

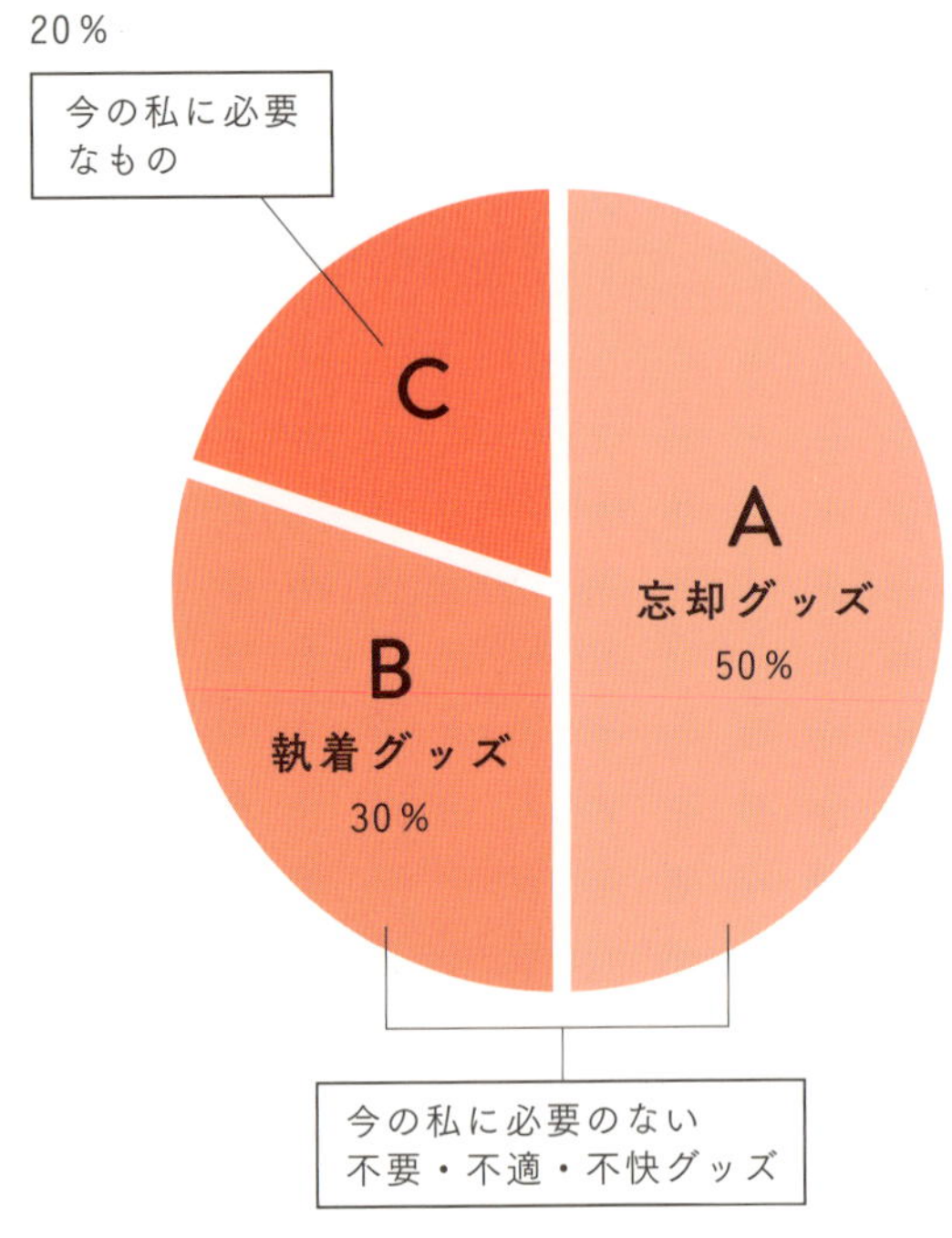

モノへの「意識」

「捨てたいけれど、捨てられない」理由は？

どんなモノが一番多いかというと、忘却グッズです。「忘却グッズ」とは、存在を忘れてしまって意識に浮上しないモノ。人間、見えないモノは忘れます。そんな「忘却グッズ」に、私たちは場所をとられ、時間をとられ、手間をとられています。

「執着グッズ」は、意識に浮上しているけれど、捨てずにいるモノです。多くの方が口癖のように言う「捨てたいけれど、捨てられない」モノたちですね。思い出の品だったり、手作りの品だったり。とはいえ、大事にしているわけではなく、ただ判断を先送りにしているモノ。つまり、「不要・不適・不快グッズ」です。AとBは、捨てるという「捨」の領域になります。

一方の「要・適・快グッズ」は、価値を見出し、自分のニーズや気持ちに沿ったモノです。つまりCは、残る・残す領域。

「時間がかかる」ではなく「時間をかける、時間をかけたい」モノ。
「場所がとられる」ではなく、「場所を与えたい」モノ。
「手間がかかる」ではなく、「手間をかけたい、手入れがしたい」モノ。

心の状態がぜんぜんちがいますよね。

「忘却グッズ」と「執着グッズ」は、残念ながらハートが壊れています。

「要・適・快グッズ」はハートフル。使う人とモノが心地よい関係を築いています。

ただし覚えておきたいのは、これら3つのカテゴリーは時間の経過とともに変わっていくということ。「要・適・快グッズ」が「忘却グッズ」になったり、あるいは「執着グッズ」になったり。変化要素満載なのです。

分類して満足の「ラベリング収納術」

私もかつて「収納術」にトライしたことがありました。

まず最初にしたことは、収納グッズを買うこと。

収納グッズにこまごましたモノを収めると、ひとまずモノは視界から消えます。

すると、モノの存在は忘れます。

つまり収納は、収めて見殺しにしているようなもの。いってみれば、収納こそ、忘却グッズ促進剤。そして、増えていく収納グッズによって、空間はどんどん狭くなっていくのです。

「収納術」の先生は、ラベリングしてモノを分類するテクニックも教えています。仕切りを作ったり、シールを貼ったり。まず、それだけで手間がかかります。ラベリングを始めると、ラベリングを完成させることが一番の目標になっています。

雑誌には、美しい収納空間がページを飾っています。色とりどりの調味料が並ぶ棚、システマティックな書類棚、種類別にまとまった文房具ストック……。それらを見て、「自分にはとてもできない」と感じてしまう人もいるのではないかしら。

それもそのはず。高いレベルで毎日毎日「収納」できる人なら、その状態が保てるのです。つまり、専門家ならできる。それが職業ならできるわけです。でも、普段から忙しくしている私たちには、ハードルが高すぎます。まるでジョギングしていない人に「フルマラソンを走れ」と言っているようなもの。つまり、

収納するには、時間が必要。
収納するには、空間が必要。
収納するには、手間が必要。

モノを維持管理することはとても難しいものです。管理が難しくてケアできないから、ホコリの温床になる。

管理が難しいことは、もうやめてしまいませんか？

ラベルを貼って管理しなければならないほどモノを持たないで、と私は言いたいのです。

そもそも、ラベルのもとに、使ったモノを戻すという発想もまちがい。モノが過剰になければ、どこに戻しても一目瞭然というのが断捨離です。

人間は、どれだけ手間を省きたい生き物なのか。どれだけ「ちょい」で済ませたい生き物なのか。人間心理を考えてみれば、「収納術」は甘い思考といわざるを得ません。「散らかり」には、もはや整頓、収納という解決策ではムリなのです。

整頓・収納する前にすることは、

- モノを減らす。
- モノを絞り込む。
- モノを選び抜く。

つまり、断捨離が不可欠です。選び抜かれた最適量のモノだったら、たとえ散らかったとしても回復が容易ですから。

断捨離したもの

- □ラベリング分類する手間ヒマ
- □処分を先送りしているだけのモノ
- □結局、すぐに散らかるストレス

その2

家事に後ろめたさを持たない

「きちんと」から解放されよう

メディアには、家事も子育ても完璧なスーパーウーマンがたびたび登場します。

料理、片づけ、子どものしつけ。丁寧にきっちりやっているのが正解。手間をかけてこそ――。そんなメッセージをちらつかせています。

「それに対して私は……」と、後ろめたさを感じてはいませんか？

手をかけるべきところで手を抜いている。手間をかける時間がない。そんな「ままならぬ家事」への後ろめたさや罪悪感を持っている人は意外に多いのです。

私がまず言いたいのは、「もっと手を抜こうよ！」ということ。

「手を抜く」という言葉に抵抗があるなら、「手間ヒマかけない」と言い直してもいいでしょう。ヒマがなければ、手間などかけられません。

この本のテーマは、手間ヒマかけず、簡単に。愉しく面白く、ですから。

後ろめたさを感じている人にお伝えしたいのは、今は手間ヒマかける時代ではないということ。

昔のお母さんは、手間ヒマかける文化の中にいたというのもあるでしょうし、機械化されていないぶん手間をかけざるを得なかった面もあるでしょう。今は技術的な進歩もあり、手間をかけなくてもいいことが増えています。

それでも、やっぱり主婦として、母として、手間をかけたほうがよしという感覚がそこはかとなく残っています。

あなたが気にしているのは何ですか？　他人の目？　家族の目？

結局、家事が「他人軸」になってしまっているのです。「キャラ弁」もそうですよね。最初は子どものために作っていたけれど、だんだん目的が変わってくる。クリスマスのイルミネーションと同じで、だんだんエスカレートし、何のためにやっているのかわからなくなってきます。

一方で、「きちんとやっている人」も不全感を持っていたりします。なぜでしょう。きちんとやっても誰もほめてくれないから、それがストレスになっています。一生懸命やっているのに、どうしてほめてくれないの……。まだまだきちんとできていないのではないか……。そんな「被害者意識」が生まれてしまうのです。

「おいしいごはん」のためにがんばりすぎない

「おせち料理を作れない自分に対して、ダメだと言われている感じがする」

バリバリ働くお母さんがこう話していました。女性が外で働く時代になってもなお、家事に対して保守的な「常識」が蔓延しています。ダメだと言っているのは彼女自身。彼女は、何に向かって後ろめたさを感じているのでしょう。

「食育」という言葉が出てきたとき、私はまたお母さんの負担が大きくなったと感じました。「手作り」に「家族団欒」。すごいプレッシャーですよね。そんな余裕あるわけないです。

女性はいつしか、お父さんとお母さんの両方の役を求められています。外で働き、家でも働く。そんな世間のプレッシャーに、後ろめたさを感じてしまっています。時代は急激に変わっているのに、世間に思い込まされているんですね。

アジア各国を旅していると、「食」の豊かさにワクワクします。タイなど宮廷がある国は、さらに食のレベルが高いことを実感します。それでいて、食に対する縛りが少ない。

日本は、朝ごはんとなれば「お母さんがきちんと作って……」という意識がまだまだあります。一方タイでは、「はい、みんな屋台で朝ごはんにしましょう！」ですから。あの自由さはうらやましいです。

料理を家で、女性が毎朝、毎晩、手作りする――そんな感覚は、欧米はもちろん、アジア各国でもあまり見られません。そんな強迫観念を、この本ではスッキリ「断捨離」していただきたい。

「子どものため」「家族のため」と食事作りをがんばっている人は多いでしょう。

でも、気分がのらない日は、外で食べてもいいじゃないですか。

旅館の朝ごはんは、とってもおいしいですよね。ただ頻繁に旅行できるわけではないから、身近に「おいしい朝ごはん」を提供するお店がもっと増えたらいいなと思います。

日本の女性（男性）はがんばっています。たしかに和食は素晴らしい文化です。でも

おいしい屋台の朝ごはん

規則正しいことはいいけれど、たまには肩の力を抜いて。
笑顔の朝ごはんを。

「よいもの」に向かいすぎて、リクエストが多すぎて、するほうは大変。器ひとつをとっても、形いろいろ用途さまざま。片づけも大変です。

世界の常識と比べたら、「そんなことまでしなくてもいいよ」ということは多々あるのだと、心に留めておいてほしいですね。

断捨離したもの

- □「よき母」「よき主婦」という他人の目
- □「がんばる＝エライ」という意識
- □手作り信奉

その3

「まとめ家事」の落とし穴

「満タン思考」を捨てよう

洗濯物が満タンになってから洗濯機をまわそうと思っていませんか？

ゴミ袋がパンパンになってから口を縛ろうと思っていませんか？

満タンになったら……。

もっとまとまったときに……。

私はこれを「満タン思考」と呼んでいます。

「まとめてやったほうが、なんだか合理的な気がする」のですよね？

でも、本当にそうでしょうか。

合理的とは、手間が省けるということ？　電気代が節約できるということ？

いいえ、じつは「満タン思考」や「まとめ家事」は、俯瞰（ふかん）してみるとちっとも合理的ではありません。そもそも忙しいから「まとめてしよう」と思っているのに、まとまった時間など作れるのかしら？

もし、「まとめてしよう」と思っていた時間に、別の用事が入ってしまったら？

お皿数枚を洗うのだったら、それが多少後まわしになっても「回復」できます。けれど、

ちょっとためると大仕事に

家事は細切れ時間でする小さな仕事。毎日洗濯していれば
それが可能ですが、２日３日ためると大仕事に。

「満タン」が一度滞ってしまうと、ワーッとせき止められ、収拾がつかなくなってしまいます。

「1週間に2回しか洗濯しない」という人がいます。ひとり暮らしだったら毎日洗濯する必要性を感じていないのかもしれません。「まとめて洗濯」は一見合理的。手間は週に2回だけ。電気代も抑えられます。

でもきっと、洗濯物の汚れは落ちにくくなるでしょう。そのぶん下着をたくさん持つ必要も出てきます。1回の洗濯での枚数が多くなるぶん、干したりしまったりする手間と時間とエネルギーはかかります。

ゴミ袋問題もそう。生ゴミは、時間が経つにつれてイヤなニオイが発生します。ゴミ袋は1枚数円の世界。それでニオイがなくなるのなら、私は十分価値があると思うのです。

「満タンになったら捨てる」という刷り込みに従って行動しているのにほかなりません。

「まとめ家事」には、心理的なストレスも加わります。それは「ウェイティング＝待ち時間」があるから。週に2回の洗濯だったら、その間の2〜3日はウェイティングです。

「ああ、汚い服がたまっているなあ……」と、心のどこかで気になっている。これがストレスを増幅させているのです。そのとき私たちの心に何が起こっているかというと、

気になる　→　気に障る　→　気に病む

というプロセスをたどります。最初はちょっと気になっていたものが、しまいにはストレスや病気に行きつくのですから、怖いですね。

「作り置き」と「まとめ買い」のリスク

一時ブームになった「作り置き」も、じつは家事を大変にしています。

まとめて料理して冷蔵庫・冷凍庫で保存しておこうとするわけですから、作り置きも

「まとめ家事」の1つ。「作り置きしておいたほうが後でラク」と夢見て、そうしているのでしょうが、実際、作り置きの作業はそれなりに重労働。時間もかかります。

「朝、5時に起きて、作り置きがんばってます！」というワーキングマザーの方がいます。本当にがんばっていると思うけれど、がんばっていると言っている時点で、やっぱり苦行ですよね。「平日働いているから、休日にやっておかなきゃ」と1週間ぶんの作り置きをしている人もいるでしょう。愉しんでやっているなら問題ありませんが、「ねばならない」でやっていたら、それはストレス。料理が「作り置き軸」になっています。

作り置きの最大のリスクは、「使い切れない」ことにあります。なぜなら、人は日々気分が変わるから。食べたいものも日々刻々と変わります。

食は鮮度がすべて。冷蔵庫の中で4日、5日と経つうちに食の鮮度は下がり「残り物感」が強くなります。それを食べたいですか？

作り置きでも半食材、半調理済みで保存するのであれば、アレンジ可能でいいとは思いますが、よほど買い物に不便な環境でもないかぎり、「そのつど買い物」「そのつど調理」がベスト。これだけ流通の早い時代です。

「まとめ買い」も同じ理由でNGです。

前提として、人はたくさんのモノを管理できません。冷蔵庫、冷凍庫に食材が所狭しと並んでいるのを、適宜出し入れして最後まで使い切れるでしょうか。

料理の専門家なら、それができるわけです。「収納」の専門家と同じですね。

「結局、食べ切れずに捨ててしまった」という経験があるなら、作り置きはきっぱりあきらめましょう。管理できると思っているのがまちがい。あきらめていいことはあきらめる。

そうしたら、家事は一気に減ります。

ライフスタイルに合わない「大容量」

「大きいことはいいことだ」。これは、昭和39年、森永製菓のチョコレートのキャッチコピーです。時は、高度経済成長期。当時の日本の勢いが感じられるフレーズです。

戦後に普及した家庭用冷蔵庫や洗濯機。家族の人数が減っている現在にありながら、冷蔵庫や洗濯機はどんどん大きくなっています。大容量冷蔵庫に、大容量洗濯機。「まとめ家事を応援しよう」というメッセージがそこにあります。

「作り置き」と「まとめ買い」によって空間がいっぱいになった冷蔵庫。ついに管理しきれずに、冷蔵庫の手前だけで「モノの入れ替え」が行われます。その奥に眠っている賞味期限切れの品は見て見ぬふり……。

「大容量冷蔵庫」にありがちな光景です。ただし、「大容量冷蔵庫」そのものが悪いわけではありません。「大容量」によって、モノが増え続けていくことが問題なのです。あたかも、たくさんモノを溜めることが許可されたと思い込んでしまうことが。

ひとり暮らし向けのミニ冷蔵庫も売られていますが、私はある程度の大きさの冷蔵庫を置いています。ミニ冷蔵庫にモノがぎっしりという状態にしたくありません。冷蔵庫の空間に余裕があるのが好き。ミニマリストではないですからね。お客さまが来たとき、冷蔵庫に作ったものを一時的に置いておくスペースがほしいのです。

冷蔵庫には、食べ切れるぶんだけ置く。食べ切って、冷蔵庫がからっぽになる感覚は気持ちいいですよ。

洗濯機も脱水・乾燥機能つきのものが主流になり、どんどん大容量化しています。これにつられて、「まとめ洗濯」がしやすい環境が整っていきます。

「大容量」の一方で、「手のひら洗濯機」なる小さな洗濯機も出現しています。大きな洗濯機をまわすほどの量ではないとき、えりなど部分的にちょっと洗いたいときには最適。

また最近、１００円ショップの洗濯板が売れているという話も聞きました。みなさん、生活に合った家電や道具を賢く使いこなしていますね。

「大容量収納」をうたい文句にする住宅メーカーもあります。いったいどれだけの人たちが、この収納空間を適切に使いこなしていけるのでしょう。私の目には、大容量の収納空間は、24時間使い方フリーの「ゴミ・ガラクタ捨て場」としか映りません。

不要になったモノは、そのつど「家の外」へ持ち出して、適正に始末、処理しましょう。

「まとめ家事」から「こまめ家事」へシフト

「まとめ家事」は合理的に見えて、合理的ではないことがおわかりになったでしょう?

まとめ家事には、まとまった時間が必要です。そして、私たちにはまとまった時間がない、と認識することが第一。

そう、現状認識の甘さが私たちの根底に横たわっているのです。

家事は、「こまめ家事」が鉄則。そのつどそのつどやっていったほうが絶対にスムーズです。ただし、これには条件があります。モノが多かったら「こまめ」にすることはムリ。「こまめ」だけで膨大な量になりますから。

例えば、服を脱ぎっぱなしにしたとき、それを棚に戻すには1分もかかりません。それを私たちは面倒くさいとつい放ってしまう。たかだか1分ならすぐにやればいいものを、脱ぎっぱなしの服が60着あれば「1分×60着＝1時間」かかるのです。

洋服屋さんは、1枚1枚、丁寧にたたんで棚に戻しています。そんなこと、家ではとてもできません。こまめ家事にシフトするためには「断捨離」が必要です。

「こまめ家事」というと、義理の母の姿が思い浮かびます。名づけて、「やましたヨシ子方式」。

姑はとてもはせっかちで、じっとしていられない性分。こちらがごはんを食べている間に、ガラガラと食器を洗い始めます。「ゆっくり食べてね」と口では言うものの、手は休みなく動いている。料理の最中にしょうゆがないと思ったら、すぐ買いに出るし、洗濯機もひっきりなしにまわしています。

「まとめてやったほうが合理的なのに」

「お茶碗を、そんなすぐに洗わなくたって」

と当時の私は思っていました。でも考えてみると、ヨシ子さんのほうが物事がどんどん解決していくのです。

同居していてペースが合わないと思うこともありました。食器にごはんがこびりついたとき、しばらく水につけておけば浮いてとれるものを、ヨシ子さんはゴシゴシ……。時間にまかせるということをしない人でしたからね。そんな「つけ置き」を除いては、「やましたヨシ子方式」が正解。断捨離的な発想だったのだと今、思います。

家事は「そのつど、そのつど」が基本

夕ごはんをつくる。小学生の子どもに食べさせる。片づける。

中学生の子どもが帰ってくる。その子に食べさせ、片づける。

夫が帰ってくる。夫に食べさせ、片づける。

そんな光景が、日本中の家庭で繰り広げられています。家庭の主婦のストレスの原因がまさにこれ。家族に合わせて時間が細切れにされるストレスです。自分の時間を30分もとれません。5分、5分、5分の積み重ねの時間ならあるけれど、連続した時間はない。そんな生活の中で「まとめ家事」をやろうとしたら、ストレスフルに決まっています。


もともと家事とは、そのつどするもの。

もともと時間とは、細切れになるもの。

家事を担っているかぎりは、「そういうものだ」とまず割りきることが必要です。「まとめてやれば一気に片づく」なんて幻想。目についたものを、目についたときに行う。モノが少ないほど、それを実践しやすくなります。気になるところをサッと拭けるのです。

何度も言います。まずモノを減らすこと。「溺れている人の、モノ減らし」。たくさんモノがあるから、優先順位をつけられない。それを5ついっぺんにやろうとするから、大変な作業になる。優先順位がわかれば、5つを縦に並べて1つずつできるようになります。

まとめてやろうとすると、日々の小さなことが先送りになります。1回のお皿洗いはたった5枚なのに、ちょっとまとめようとするとシンクが山になっています。

先送りになったものをまとめて解決しようとするから、1つひとつは簡単なことでも、5つ6つ重なることでハードルが高くなっています。時間も手間も自分の気持ちも。「まとめ家事」は、そこに立ち向かうハードルが、思いのほか高いのです。

「こまめ家事」のもう1つの長所は、手を貸してもらいやすいこと。1つひとつの家事仕事は「細切れ」で「小さなこと」ですから、人に依頼しやすいのです。

名づけて、「細切れリクエスト」。

ある受講生さんは、1階で洗濯した物を2階のベランダに干すためにいつも階段で運んでいます。「2階に上がるついでに、洗濯物を持っていこう」と考えていたところ、通りがかった夫に「持っていってもらえる？」と頼んでみました。すると、1つ手間が減って、家事ストレスも少し軽減されたとか。頼まれた側も、具体的な指示があると、すっと動きやすいですね。

料理中に切れてしまったしょうゆを、「帰り道に買ってきて」と1つお願いする。「細切れリクエスト」は夫婦のコミュニケーションにもつながります。

断捨離したもの

- □「まとめてやったほうがラク」という思い込み
- □目先のことだけを考えた節約
- □物事が解決していかないストレス

その4

献立はいらない

食べたいもの、食べていますか？

「安全な自然食材」を取り寄せている友人がいます。彼女いわく、食材はいつも使い切れずにあまらせてしまうのだとか。いつの間にか「あまらせないように使いこなさなきゃ」という思考になっていて、結局取り寄せをやめたそうです。

食べたいものに合わせて食材があるのではなく、食材に合わせて食べるものを「なんとかしなきゃ」となっている。発想が逆転しています。食べ物の奴隷になっているんですね。

食材の奴隷、つまりモノの奴隷です。

「まとめ家事はダメ！」と声高に叫んできましたが、こうした「まとめ買い」も同じ落とし穴にはまってしまいます。

安売りしているから多めに買っておこう。
卵がなくなったら卵を買おう。
（そして、冷蔵庫の中を見まわして）
あの食材とあの食材があるからあの料理をつくろう。

「食材軸」で買い物すると

「安売りしてたからつい買いすぎちゃった……」。食欲がそそられない食材がたくさん。こういう食材ほど「循環」が難しく、冷蔵庫パンパン→二重買い→使い残しの罠にはまりやすいのです。

この食材はそろそろ古くなるから早めに使ってしまおう。

料理が「食材軸」になっているのにお気づきでしょう。「食べる」というのは、基本的な欲求です。たとえ食材が安心安全、栄養的に優れていても、自分の欲求を無視すると「ミスマッチ」が起こります。

基本に立ち返りましょう。私たちの三大欲求は、食欲、睡眠欲、排泄欲（性欲も含めて）ですね。これらは生存に関わる生存欲です。これに対して、社会的ニーズというものがあります。

なかでも排泄は場が制限されています。私たちはそこで垂れ流すわけにはいきません。「はい、トイレ休憩」となっているから人間には便秘がある。一方、動物は「その場がトイレ」だから便秘がない。

食欲にも当てはまります。食欲がないのに、食べている。食べたくない場で、食べたくない時間に。「お昼だから」と食べている。社会がそれを強いているのです。これで健康を損なうことすらあります。

私たちは基本的な「欲求」に耳を傾けることをしていかなければなりません。せめて家にいるときくらい、食べたいものを食べたいときに食べましょうよ。出したいときにはすぐ出し、寝たいときには寝る。

家族がいるとそういうわけにもいかない、と言われるかもしれません。それでも、家というパーソナルな空間では、食べる自由、食べない自由があると心得ておきたいものです。

「12時ランチ」でなくてもかまわない

あまり大きな声では言えないけれど、私は家では食べない日もあります。「1週間のうち、2日だけ断食」という本がありますが、私は1日の中で、食と食の間隔を空けています。夜、会食があるときは、バランスをとって、家では適当に。卵かけごはんを食べたり、酵素ジュースを飲んだり。まったく食べないこともあります。

そのぶん夜は飲めや歌えや！　なあんてことはないけれど、いつもいつもきっちりしている必要はありません。むしろ、「きっちりやらなくてもいい」と強調したい。きっちりやることで冷蔵庫がぎっしりになったら面倒ですからね。

今、「丁寧に暮らす」のが流行りです。丁寧に空間を整え、丁寧に食事をする。それじたいはすばらしいこと。

でもそれは、何に対しての「丁寧」でしょうか。

人の目や世間の常識に対しての「丁寧」であって、自分に対しての「丁寧」ではないかもしれません。私たちは、体からの欲求があり、心の欲求があります。こうした自分のニーズに対して、素直であること。これこそが「丁寧」です。

そして、自分のニーズに対するセンサーを磨いておくことが大事。ピカピカのセンサーなのか、錆びたセンサーなのか。

今、あなたが食べたいものは何ですか？

私が食のセンサーをどう磨いているかというと、「ファスティング」です。「断食」という意味ですが、本来の本格的な断食ではなく、自分なりの解釈で実践しています。「3食きちんと食べる」を断捨離しているともいえます。

「食べないと元気が出ない」と思い込んでいる人もいます。でもじつは、疲れているのは胃腸です。胃腸はメンタルの影響を大きく受けやすい場所。ストレスの具合で、胃腸の働きはぜんぜんちがいます。今は栄養不足の時代でもありません。むしろ栄養過多の時代。

「食べる」ということは、多くの時間とエネルギーを要します。食材の調達、調理、食事、後片づけまでに時間がかかります。そして、食べたら眠くなる。たまには胃腸を休ませることも大事だと思うのです。

「食」とは、とってもパーソナルなもの。「私はこうしてますよ」という例をあげましたが、そもそも食は人に聞くものではありません。自分に、自分の身体に聞くもの。「あなた」にいいから「私」にいい、というものではない。ましてや今、「私」にそれがよくても、ずっとそれがいいとは限らない。人間は飽きる動物ですからね。

私が毎日食べても飽きないのが、ごはんです。玄米も好きだけれど、残念ながら私の身体には合わない。好き・キライのほかに、合う・合わないがあるのも「食」です。

「12時ランチ」に縛られる必要もないでしょう。会社の昼休みが12～13時だから仕方がない？　そうかもしれませんが、プライベートな時間では、ぜひ自由に食べたいものです。

概して、朝食と昼食の間は間隔が短く、昼食と夕食の間は間隔が長いですよね。ランチするなら2時頃がちょうどいいのでは？　お昼を抜いて「1日2食」もアリ。

欧米のラテン諸国のように、シエスタ（昼寝）がある国はうまくまわっているなと思います。朝ごはん、昼ごはんを食べて、シエスタして、夕方5時頃からバルで飲み始め、夜8時か9時から晩ごはん。その後に、また飲んで……。うらやましいほど人生が酔っ払って過ぎていく。そんな生き方もあるのです。

「1週間の献立」の落とし穴

「食」について、少し肩の力が抜けたかしら。

「きっちり」の代表格、「1週間の献立」も私から見るとNG。食べたいものなんて、その日その日でちがうのだから。1週間の献立を立てて、もし1週間後、それを食べたくなかったら？

献立を考えるときの気分と食材を買いに行くときの気分は日々ちがいます。

学校給食では、「ひと月分の献立」が家庭に配られます。これは栄養士さんが子どもの発育を考え、客観的に計画した献立です。つまりこれは「客観シート」。

一方、自分で食べるもの、家族で食べるものは「俯瞰シート」で考えていかなければなりません。「俯瞰」は自分を含めた家族の「食べたい」という欲求や気持ちの変化も見ること。ですから、食べるものは「その日、そのとき、その場」で決める。もしくは翌日のぶんまでにとどめておく。

「ああ、今日はお肉が食べたいな。でも旬の魚がすこぶるおいしそうだから、今日は魚にしようか」と対応できる。もちろん、失敗してもいいのです。いろいろ試してみて、自分に合うやり方を探っていけばいいのです。

さあ、買い物に出かけましょう。「食のセンサー」を磨くために。市場をのぞいてみるのも愉しいでしょう。「おいしそう！」「食べたい！」この基準で食べ物を選べば、「そのつど買い物」がイヤではなくなるはずです。

断捨離したもの

□食材軸で料理すること
□食べたくないものを食べること
□他人が決めた「規則正しい食生活」

その5

節約をしない

「小さな節約」のために膨大なエネルギーを消費している

スーパーのちらしを持ってお店からお店へハシゴしたり。

大量のポイントカードがお財布からあふれんばかりになっていたり。

「節約」を懸命にがんばっている姿が見てとれます。

ところでその節約、愉しんでやっていますか?

「節約が趣味」という人に、私は何も言うことありません。でも節約を苦痛だと思っていたら、やめませんか?

節約、節電、節水……。世の中では、「ムダを省こう」とあちらこちらで叫ばれています。ムダを省くことが美徳という空気がありますね。ムダを省くことが「エコ」であるというムードも。

ところが私たちは、「小さな節約」「小さなエコ」のために大きなムダ遣いをしているのです。ムダを省くために、「創意工夫」してみたり、我慢してみたり。収納術しかり、まとめ家事しかり。ムダを省くために、どれだけ時間と空間と手間をかけていることでしょう。

「節約」をがんばっても結果的に省けたのは、1円、10円、100円です。費用対効果で

チマチマドカンの法則

隣町のスーパーで大特価セール！　自転車走らせ「節約」に成功。がんばったご褒美にケーキ買って帰ろう。あれ？　プラマイゼロどころか大幅プラス。目先の「得」に振りまわされないで。

いうとむしろマイナス。自分の労働をタダだと思っている人もいますが、それはちがいます。自分も資本でありコスト。まず、この意識を持ちましょう。

「チマチマ節約」していると、ときに私たちはドカンと浪費してしまいます。「チマチマ節約」で気づかないうちにストレスをため、そして「がんばっている自分」にちょっとした散財を許す。私はこのサイクルを、「チマチマドカンの法則」と呼んでいます。

そもそも節約って切ない気分になりませんか。あえて厳しく言えば、節約する思考を持っているから、節約していかなければならない人生になってしまう。その思考をまず断捨離してほしいのです。

ならば、いっそのこと節約などやめて働いたほうがいい、という考え方もあります。ただ現実として働けない状況の人もいるでしょう。また、働きに出ることによって余計なお金を使うということもあります。仕事中にストッキングが1枚伝線してしまったら、それで時給が半分飛んでしまうわけですから。

つまり、私たちはどちらの状況にも転がる可能性があるということ。そのためにもまず、生活の基本をスマートに「ダウンサイジング」しておく必要があるのです。

「ダウンサイジング」とは、空間に対してモノを減らしておくこと。モノを減らせば、手間が減り、時間や空間にゆとりが生まれます。すると、家事や生活の優先順位が見えてきます。そのうえで、働きに行くもよし、家にいるもよし。自分で選択ができるのです。

家計簿はつけるだけでは意味がない

「節約」は意味がないように、家計簿も意味がないと思っています。いえ、正確に言えば、家計簿はつけるだけでは意味がない。家計簿をつけて満足という人がいっぱいいます。なんのために家計簿をつけているのでしょう?

先日、テレビの情報番組にファイナンシャルプランナー(FP)の方が出ていました。

相談者は、高齢の両親をもつ一人娘の独身女性。両親の介護の必要性も出てきて、本人も健康や生活費の不安を抱えています。そこでFPの方が、「これから何年後には住宅費がこれだけかかって、このときは介護費が加算されるから、これだけお金がかかる。だから今このくらい積み立てておきましょう」とアドバイスします。最後に、「これで、ちょっと心が軽くなったでしょう?」と微笑みます。

相談者の方は、「はい、心が軽くなりました」と答えていましたが、私にしてみれば「えっー!」です。何年後かのライフスタイルに合わせて計画を立てても、いつ何が起こるかわかりません。

シンギュラリティ(技術的特異点)という言葉を聞いたことがありますか。現在は産業革命時の変化よりも急激な変化の時を迎えています。AI(人工知能)が自分自身を改良できる日がやがて来る。それがシンギュラリティです。AIによってさまざまな職業が奪われるとも言われていますね。

テレビの情報番組では、かたやAIをとりあげ、予測のつかない先進的な未来が待っているかのように話しています。かたや深刻な環境破壊について語っている。そんな状況に私たちは生きていて、何に基づいたライフプランなのでしょう。

先ほど「献立はNG」と話しましたが、その理由は「変化」を考慮に入れていないからでしたよね。人の気持ちや状況は刻々と変化するのです。

「家計簿」も同じ。ただ書き出したところで「節約」にはつながりません。大事なのは、「自分の欲求はなんだろう?」と知ること。家計簿をつける・つけないは、この前提があるかないかで大きくちがってきます。

いるモノはいる。いらないモノはいらない。

これが吟味されていればまっとうな家計になる、というのが私の考え。今の自分の素直な欲求がわかっていればムダ遣いにはならないのです。

断捨離したもの

- □「がんばっているのに報われない」チマチマ節約
- □「家計簿をつければ節約できる」という思い込み
- □変化のないことが前提の「ライフプラン」

その6

家事の動線を考えない

「動線」より「アクションカウント」

家づくりやインテリアを考えるとき、「家事がスムーズに進む動線を考えた家」が理想とされています。

冷蔵庫から食材を出し、作業台で食材を切って、ガス台で調理して、食器棚から食器をとり、料理を盛りつける——。一連の作業を「なるべく近くで済ませましょう」というのが動線の考え方。海外の大きな家ならともかく、日本の家で動線は必要ありません。

空間にゆとりがあったら、動線を考えなくても動きはスムーズです。空間にゆとりがあるということは、余計なモノがないということ。必需品だと思い込んでいた家電や家具も、こまごまとしたモノも。「これホントに必要?」と胸に問いかけてみてください。

かえって、動線を気にするより、空間で動きまわったほうが運動にもなります。家ではゴロゴロしながらジムに通うより、動きやすい家で家事を済ませたほうがずっと「節約」でしょう。

動線よりも考えなければならないのは、「アクション=手間」です。

人は、手間が多いほど、面倒くさいと感じる生き物。この手間をなるべく少なくすることを考えましょう。
例えば、キッチンの棚の中にある箱に入った土鍋。たまにしか使わないから、大事に箱にしまってあるわけです。久々にこれを使おうというときの「アクション＝手間」をカウントしてみましょう。

アクションをカウントしてみたら、箱入りの土鍋は、「出して・使って・しまう」だけでも8カウント!!

1

open

棚の扉を開ける

2

土鍋の箱を出す。場合によっては、箱の上に別の箱が乗っているので、その箱を取り出すアクションがプラス1

3

箱のフタを開ける

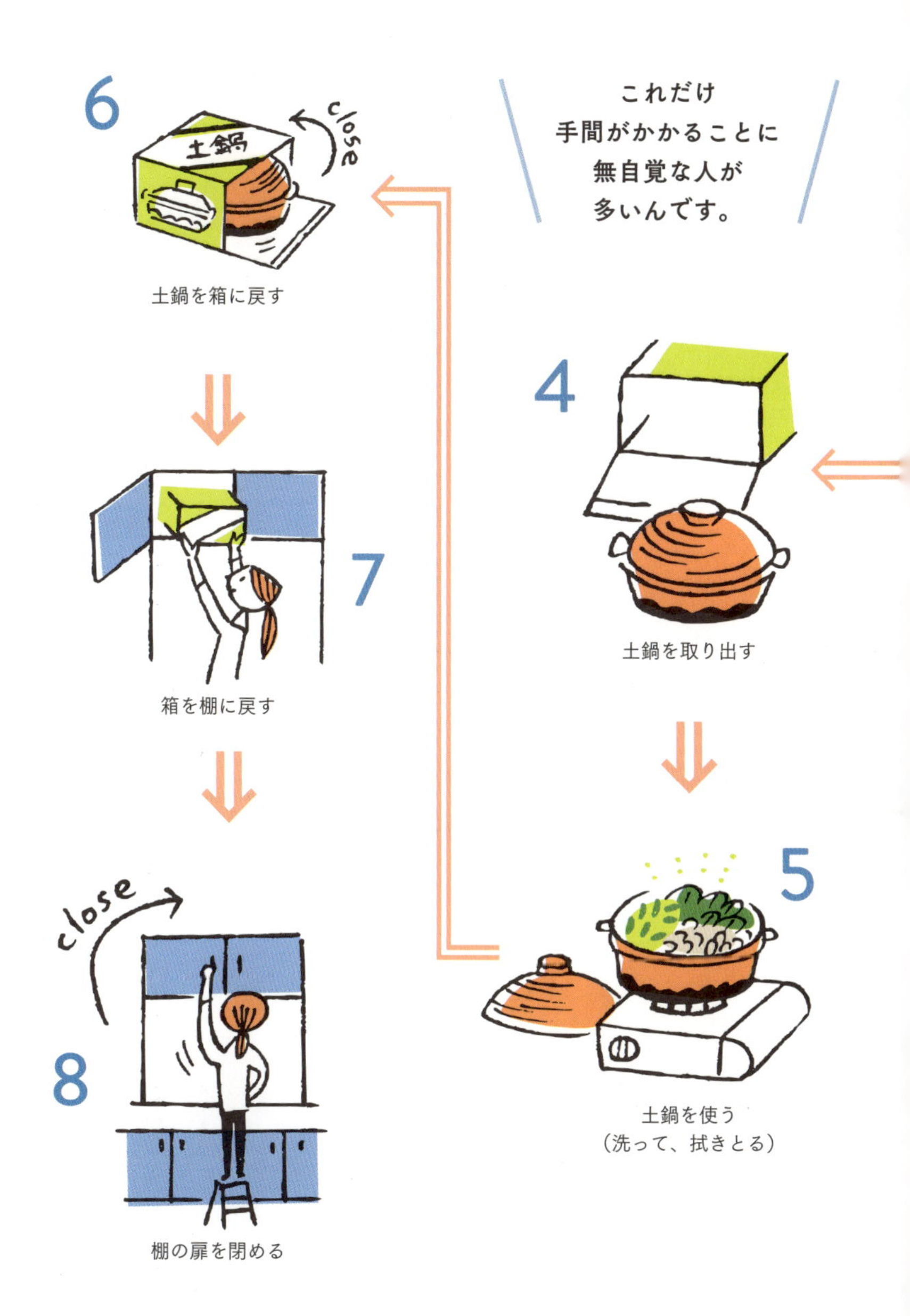
これだけ
手間がかかることに
無自覚な人が
多いんです。
4
土鍋を取り出す
5
土鍋を使う
（洗って、拭きとる）
6
close
土鍋
土鍋を箱に戻す
7
箱を棚に戻す
close
8
棚の扉を閉める

土鍋を使うという1つの目的のために、どれだけの手間がかかっているのかおわかりでしょう。箱は売るためのパッケージであって、しまうためのものではないのです。箱は「重ねられる」という長所（短所）があるために、つい幾重にも重ねてしまいます。

普段から使う食器やカトラリーは、特にアクションカウントを意識したいものです。引き出しを開けたら、すべて俯瞰できるようにすること。そして、ワンタッチで取り出せること。モノを絞り込めば、それが可能になります。

最初の「ひと手間」で後々までラク

「アクション＝手間」が多いほど人は面倒に感じるものですが、さらに、そのアクションが先送りされると、よりいっそう面倒に感じるのです。

同じ「ひと手間」をかけるなら、最初に「ひと手間」かけておきましょう。「入口の関所」ですべて改めるべし、と言いましょうか。

例えば、買うときについてきた袋や箱は、ただちに処分しましょう。先ほどの土鍋もそうです。大袋に入った、1回ごとに小分けされたダシ。これも、中の小袋を取り出して保管しておけば、使うときのアクションが1つ減ります。

ストックをしまうときのルール

いつもの場所へ収めて……

ハサミで
取り出します

すぐに使えます

袋から出しておく　1個1個にするとストックしやすく、トイレに持ち運ぶ際にも簡単。同じ手間なら「最初のひと手間」をかけましょう。

私は、ペットボトルのラベルもはがして冷蔵庫に入れます。ラベルは色がうるさいですからね。ラベルがないと、ペットボトルの中身がわからなくなってしまうという人もいるでしょう。そもそも、中身がわからなくなるほど冷蔵庫にモノを詰め込んでおかないことが鉄則。ペットボトルを捨てる際、ラベルをはがすことになるのだから、最初にはがしておくのです。

トイレットペーパーもそう。つい買ってきた袋のまま、ポンと棚や床に置きがちですが、ここで「ひと手間」。1つひとつ中身を取り出しておけば、床置きしなくなるでしょうし、使うときにも便利です。

買ってきた洋服のタグをつけたまま、クローゼットにつり下げている人もいます。クリーニングから戻ってきたときの透明フィルムをつけたままの人も。「着るときに取り外すから」という理由でしょうが、朝忙しいときは「着るだけ」にしたいですよね。クリーニングの透明フィルムは早く外さないと湿気がこもる要因にもなります。

断捨離したもの

□「家事動線は短くあるべき」という思い込み
□使いやすさを妨げる箱、フタ、パッケージ
□「必需品」と思い込まされていた家具・家電

いつの間にか正しいと思い込んでいた「家事の常識」。いろいろ見てきましたが、いかがでしたか？　大変なほうをあえて選んでいたり、意味のないことをがんばっていたり。これで少し気分が軽くなったのではないでしょうか。

次章からは、夜家事、朝家事、週末家事の話へ。具体的な「流れ」とポイントを一緒に見ていきましょう。

第2章

夕方6時からの「夜家事」

「ただいま」から始まる
しなやか家事

「夜家事」のルール

おかえりなさい。

昼間外出している人たちは、家事のメインは夜、という人も多いでしょう。疲れきって帰宅し、たまった家事を目の前に「さあ、何からとりかかろう」と考えるのでは、疲れは倍増。子育て中の人は、「子どもが寝つくまでのバタバタ時間」をできるだけスムーズに運びたいですよね。

そこで、家事に「流れ」をつくっておくことがポイント。

「流れ」とは、「動線」ではなく、時間の流れ、家事作業の流れ。

1つの例として、私、やましたひでこの「夜家事」ルーティンを公開します。

義両親との同居、家族3人暮らし、ひとり暮らし——そのときどきで暮らしの形態を変化させてきましたが、現在は単身赴任（?）のひとり暮らしです。

やましたひでこ流「夜家事」の流れ

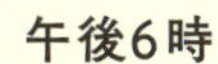

「ただいま〜」

「おかえりなさい」と出迎えてくれるような美しい空間に帰って来たいもの。

靴のお手入れ

儀式の1つ、布でさっと拭うだけ。靴箱は一段に2足で風通しよく。

濡れた傘を広げておく

湿ったままにしておくとニオイやカビのもとになるので早めに通気。

「ウェルカム空間」へただいま

午後6時。打ち合わせを終えて帰宅。ひとり暮らしだけど、「ただいま〜」と声に出して挨拶します。すると、空間が「おかえりなさい」と出迎えてくれるよう。「スッキリ気持ちのいい部屋」にして出かければ、それだけで疲れが和らぎます。つまり、その逆もあり。

靴を脱ぎ、家に上がるときは素足で。スリッパは履きません。靴に汚れがあったら、さっと布で拭います。汚れは早めにとれば、手入れが簡単。靴に湿気があったらしばらく出しておき、靴箱へ。

使った傘は、リビングに広げておきます。水気が飛んだら傘も靴箱へとしまって、「玄関にモノはなし」の状態にします。

午後6時10分

捨てる？　捨てない？

郵便物はすぐ見て判断。捨てるときはビリビリに、残すときは封筒をギザギザに。

バッグをからっぽに

「1日の物語」をたっぷり抱えたバッグは、全部出して身軽にしましょう。

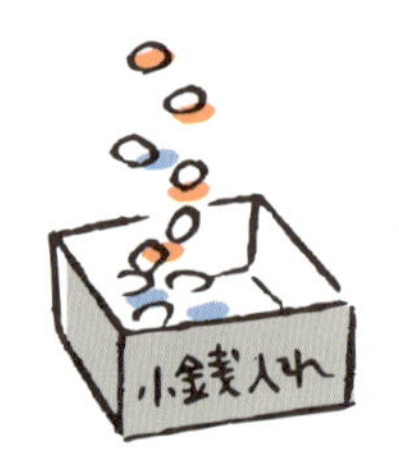

お財布をチェック

1日働いたお財布も、レシートと小銭を出して身軽にします。

今日のバッグをからっぽにする

ダイニング兼書斎テーブルで、届いた郵便物を取捨選択。ハサミを手に、チョキチョキ切って中を見ては捨て、を繰り返します。判断はその場で。保管しておく郵便物は、封筒にザクザクと切り込みを入れ、中の手紙を見やすく取り出しやすくします。

使ったバッグの中身を、ごっそりカゴに出します。「今日1日おつかれさま」の気持ちで。

バッグの底にたまったゴミを捨て、いただいた名刺を取捨選択。からっぽになったバッグはクローゼットに戻し、次の出番まで寝かせます。

次に、お財布をチェック。レシートは経理の引き出しの中へ、小銭は貯金箱へ。この日使った銀行のキャッシュカードも出しておきます。

午後6時30分

鏡もピカピカに

手を洗うたび、洗面台を「そのつど拭き」。水栓も鏡も「ついで磨き」をします。

部屋着でおうちモード

仕事着と寝間着の間のワンクッション。おうち時間が充実します。

トイレスリッパはいらない

使うたびに洗うわけにはいかないマットやスリッパはきっぱり断捨離しました。

水しぶきは「そのつど拭き」

洗面所で手洗い、メイク落としをしてさっぱり。飛んだ水しぶきは、洗面台の引き出しの中にあるペーパータオルで拭きとります。同じペーパーで、鏡と水栓金具もキュッキュッと磨く「そのつど掃除」。

クローゼットのある寝室で、部屋着に着替えます。これで、外出モードから家モードに切り替え。脱いだ服はクローゼットの「仕事服コーナー」へ。空いたハンガーにつり下げます。

トイレも使ったら、「そのつど掃除」。トイレの棚に置いてある厚手のウェットペーパーで便器を拭い、床を拭きます。メンテナンスがしやすいよう、便座マット、トイレマット、スリッパは置きません。

午後7時

今夜の簡単メニューは

「おいしそう！」から夕食の買い物が始まります。今夜の主役はアボカド。

幸せ「ひとり会食」

ひとり暮らしだからこそ、自分をもてなします。食事をエサにしてしまわないで。

水切りラックは使わない

食器洗いは、少ない枚数のときに手をつけることが肝心。ペーパータオルで拭きます。

夕ごはんは大好きな器で

夕食は、外食6割、家4割。「野菜まるごと」と「トッピング」の簡単料理が基本です。この日は、おいしそうなアボカドを買ってきたので、大きめに切って、ちぎったブルーチーズと和えました。味つけはおしょうゆのみ。

食事するときは、大好きな九谷焼の器に盛って、おぼんにのせて「ひとり会食」。誰も見ていないからといって、たとえ出来合いのものでも買ってきたパックのままほおばるのはナシ。「いただきます」と「ごちそうさま」は声に出して。

食器を洗ったら、敷いたペーパータオルの上に伏せて置いておきます。生ゴミはゴミ袋（小）に捨てて口をしばります。

午後9時

洗濯物をたたまない

たたむのはタオルだけ。洗面台の下の引き出しにゆったりしまいます。

毎日使うモノも出しておかない

歯磨き粉、歯ブラシ、洗顔料……。洗面台に1つ出しておけば、モノが増殖するのも時間の問題。

夜はシャワー派

シャワーを省き、足を洗うだけのことも。ともかく足を洗うとリフレッシュ効果あり。

洗濯物をしまうの簡単

朝のうちに浴室乾燥しておいた洗濯物をクローゼットに戻します。シャツやブラウスは、ハンガー干ししたものをクローゼットに移動するだけ。下着は、フタのないカゴへ。タオルは、洗面台下の引き出しにしまいます。

歯磨きをしたら、ペーパータオルで洗面台を拭います。歯ブラシや歯磨き粉、洗顔料やメイク道具などは、すべて棚の中が定位置。「ちょい置き」しません。洗面台にモノがないから、「そのつど掃除」もサッとできます。

朝風呂派なので、夜は簡単にシャワーをするか、足を洗って済ませるか。浴室から出るときは、排水溝をチェックし、換気扇をかけておきます。

午後10時

明日着る服コーナー

クローゼット正面の空いたハンガーパイプに、明日着る服を準備しておきます。

台所の後始末とゴミ出し

今はマンション各階に24時間管理体制のゴミ置き場があり、助かっています。

至福の「寝転がって読書」

小説も実用書もくつろいだ体勢で。仕事関連本は、マーカー引き引き書斎で読みます。

寝る前の小さな後始末

出がけに慌てないコツは、着ていく服を前もって準備しておくこと。翌日の予定を頭に描き、心の準備もできます。

もう1つ、寝る前ルーティンは、キッチンの後始末。ペーパータオルの上に伏せておいた食器を拭いて棚に戻し、シンクと作業台をペーパータオルで拭いて水気を残しません。口をしばったゴミ袋を、24時間利用可能なマンションのゴミ捨て場に持っていきます。

そして、部屋着から寝間着に着替えます。

好きな読書は、書斎でもリビングでもなく、ベッドの上に寝転がってするのが一番。原稿書きをしない日はほどほどの夜更かしで、おやすみなさい。

維持管理のルール

玄関には何も置かない

傘立てとスリッパ置きがない空間

玄関はウェルカム空間。「ただいま」と帰ってきたとき、まっさきに出迎えてくれるのが玄関です。私はここに「極力置かない」ことを心がけています。

正確にいうと、玄関の三和土(たたき)にマットを1枚敷いています。内と外の空間をつなぐ、沓脱石(くつぬぎいし)や簾(す)の子のような役割として。

帰宅したら、このマットの上で靴を脱ぎ、家に上がります。靴は、汚れていたらさっと布で払います。靴が湿気を含んでいたら、玄関に出しておき、少し経ったら靴箱に。

雨の日は、濡れた傘をしばらくリビングに広げておきます。外の玄関アプローチや軒先に広げておけばいいのでしょうが、わが家は室内階段のマンションのため、家の中ですべて完結。傘の水気が飛んだら、靴箱の中の傘置きスペースにしまいます。傘立てはありません。傘は1本。折り畳み傘をもう1本持つこともあります。

家の中は常に素足。スリッパは履きません。お客さまにも「素足でどうぞ」と声を掛けます。スリッパがなければ、スリッパ置きもありません。

平米数は決して広い空間ではないのだけど、お客さまには「広いですね」と言われます。それは、何もないから。ブータンの市場で購入したカラフルな三和土のマットが、インテリアの唯一のアクセント。その1枚を除いて、メンテナンスを必要とするモノはありません。ちなみにこのマットは3ヵ月に1度、クリーニングに出しています。

ひとり暮らしと家族との暮らし。人数が多いほどモノが多いのは当然です。だから、靴箱から靴がはみ出して玄関にあふれかえってしまうのは仕方のないことでしょうか。

いいえ、よく見ると、履いている靴は、靴箱からはみ出したものがほとんど。靴箱からめったに表に出ない靴がたくさんあるのです。忘れ去られているうちに、必要はなくなり、出番が永遠に来ない靴も。傘もそうです。家族の人数以上の本数の傘が、傘立てにぎっしり。誰のモノでもないビニール傘も何本か。スリッパ置きにはスリッパが押し込まれ、靴箱の上には大量の雨具。コート掛けにはコートにマフラー、帽子にバッグ。足元には子どものスケートボードなどのおもちゃが置かれています。

ウェルカム空間ではすっかりなくなってしまった玄関。あなたはどんな玄関に帰ってきたいですか？

靴が置かれていない玄関

長傘1本と
折りたたみ傘1本

傘立てにぎっしり傘がつまった姿は、なんだか息苦しいもの。わが家は、靴箱の隣の棚に傘が収まっています。

靴箱は、1段に2足

つま先の空いた、7センチヒールのパンプスが好み。靴屋さんのように、靴箱の中でディスプレイします。

靴が置かれていない玄関

帰宅後、クールダウンした靴を靴箱にしまったら、玄関には三和土に敷かれたマットが1枚。

紙類はすぐ開け、すぐ捨てる

判断を先送りしない

帰宅して、郵便受けをチェックする。何やら封書やハガキが入っている。ちらっと見た。とっておこう――。こうすると、郵便物は際限なくたまっていきます。「とっておこう」と思った時点でアウト。

正解は、ちらっと見て、そこで判断しなければならないのです。でも、私たちは、とりあえずとっておきたい。なぜでしょう。

時間がないから後で見よう。
後でちゃんと整理しよう。
そう思っていると、紙類はいつしか山になり、雪崩を起こすのです。

「後でやろう」は、「まとめてやろう」ということ。何度か「ダメ！」と叫ばせてもらった「まとめ家事」です。「まとめてやろう」は、つまり判断の先送り。人間は、基本的に先送り体質ですからね。判断から逃げたほうがラクなのです。

郵便物とは、今まで家になかったモノが突然勝手に送られてくるモノ。不思議なのですが、郵便物を見たとたん、私たちは必要なモノだと思い込むのです。そのときまで少しも必要性など感じていなかったのに。ここにまやかしがあります。

通販カタログはその代表例。

突然届いたカタログを開いてみると、そこにあるモノがなんとなく必要だと感じる。「あっ、これ前からほしかったんだ」と勝手に脳が思い始めるのです。この現象をラブラドール脳といいます。

私たちは、ほしいから買っているわけではない。買いたいがために買うモノを探している。買い物するための理由づけがほしいのです。

では、どうしたらいいでしょう。通販カタログが送られてきたら、すぐに開け、すぐ捨てる。そして忘れてしまえばいいのです。

「中を見ずに捨てる」という方法もあるけれど、気になるのだったら開けてみればいいでしょう。そのとき一瞬、「ああ、これほしかった」と脳が動き始めるはず。そこで、「いやいや、見たからほしくなっただけなんだ」と思い直してみる。

「もともとほしかったわけじゃない」。一呼吸置いて、その思いと共に捨てるのです。開いてみてやっぱり必要だと思ったら、とっておけばいいのです。

私も捨てずに置いてあるカタログがあります。それは、地方発のおいしいものカタログ。以前、取り寄せしたことのある会社からふたたび送られてきたのです。

こうした郵便物をとっておくときのコツは、封筒の口をハサミでギザギザに切っておくこと。すると、見たいときにワンタッチで取り出せます。

封筒の口にはノリがついていて、中身を出すときにくっついてしまいますからね。封筒の中身をいったん出してハサミを入れることは「ひと手間」ですが、保管する際、中身がパッと見やすくなります。

ハサミというものは、優れた道具だとつくづく思います。手で切るのとは、便利さも切り口の美しさも格段にちがう。

各部屋に1つ置いてあるほど、ハサミは重宝しています。

保管しておく郵便物は パッと見主義

これ、とっておこう

チョキチョキ

いったん中身を出して

見やすい！
取り出しやすい！

封筒の口を波のように切って

「とっておこう」と思った封筒は、ハサミで大胆に切って保管。リマインダーにもなり、締め切りがある書類もこれで忘れません。

バッグの中身をごっそりカゴへ

「要・不要」が一目瞭然

1日外出すると、バッグの中はまるでゴミ箱と化しています。帰宅して早々に私がすることは、そんなバッグの中身をからっぽにすること。

バッグを広げて、ゴミを捨てたら、中身をごっそりカゴに移し替えます。この作業をすることで、ちょっと1日を振り返ることができます。その日、ご縁があった人の名刺や、新しい企画の資料、刷り上がった新刊本……中からいろいろ出てきます。

バッグの中身を入れたカゴを俯瞰すると、持ち物の総点検もできます。切れかけの文具を補充したり、化粧直しをしない私には化粧ポーチは必要がなかったと気づいたり。

そして、忘れ物を防げるのもメリットです。

翌日、同じバッグを使うにしても、別のバッグに替えるにしても、カゴの中身をバッグに戻す動作は同じ。朝のバタバタから救ってくれます。

お財布も、帰宅したら一度、俯瞰して見ます。たまったレシートは、書斎のレシート入

毎日、バッグをカラにする習慣

1日を振り返ります

バッグからカゴに移して持ち物を俯瞰。帰宅して間もない時間の自分だけの儀式。

カードは使うモノだけ入れておく

最近使い始めた革の長財布。現金のほか銀行カード1枚、クレジットカード2枚、PASMOに保険証のみ。

れに移して保管。家計簿はつけていませんが、経費精算用にレシートを管理しています。

小銭は、お財布から全部出して、小銭貯金。

たまったら温泉にでも行こうかしらね。

こうして、バッグはからっぽ、お財布も身軽に。「1日おつかれさま」と休ませて「呼吸」させます。

バッグもお財布も、それじたいを定期的に買い替えています。

バッグは大好きなので、旅先で一目惚れして購入することが多いのですが、その代わり、手元に置いておくものは「総量規制」。数にして、常時5〜6個。加えてスーツケースが2個。それ以上になったら「嫁ぎ先」をみつけ、早めに手放します。

お財布は、およそ1年周期。

お財布は「お金の家」ですから、常に風通しをよくしておきたいのです。

こまごまとしたモノは「一元管理」

文具のストックはたくさん持たない

「買っておいたはずの乾電池がない！」と家を大捜索することはありませんか？　乾電池はしばしば使うわりに、置き場所が不安定になりやすいモノ。

家事動線を考えたら、「使う場所」に置いてあるのが便利でしょう。乾電池は、キッチンでもリビングでも洗面所でも使います。その場その場に置いていたら置き場所が増えるばかり。結局、行方不明になりやすいのです。

そこで、置き場所は1ヵ所に決めてしまいます。これが「一元管理」。

「そこまで歩いて行けば、必ずある」ということがわかっている状態です。

私たちは目的地まで歩くのは苦ではありません。「あっちかな？　こっちかな？」と探しながら歩くのとは気持ちがぜんぜんちがいます。

そんな乾電池の指定席は、玄関の棚。作りつけの引き出しに、電球と共に置いています。隣の引き出しには、チャッカマンとライターが。棚の中にはほかにトイレットペーパーやティッシュペーパーのストック、災害備蓄品としてのミネラルウォーター、懐中電灯、オイルランプ、ビニールテープ、ガムテープ、工具などがあります。

つまり日用品のストックがこの棚で「一元管理」。特に、災害や停電時などの非常用の品は、玄関近くにあると安心です。

文房具のストックは、書斎の引き出しで一元管理しています。消しゴムやインクなどこまごましたモノが多いので、「ラベリング収納」したくなりますが、その必要はありません。細かい分類は、がんばって仕上げても機能するのは最初だけ。

断捨離は、細かい分類をしなくても済むシステムづくりをすることです。引き出しの中を「俯瞰」できるようにする。これですべて。そのためには、ストックも数を厳選しておきます。私は、ボールペン1本、サインペン3本、セロテープ1つ、付箋5セットと「総量」を決めています。

文房具のストックを山のように抱えている人もいますが、結局、出番のない死蔵品になりがち。ボールペンの山の中でサインペンが迷子になり、結局、買うことになるのです。

何がいくつあるかは一目瞭然、これが断捨離のあるべき姿です。

フタを取って「定位置」に手間なく、取り出せるしくみです

戸を開けてワンタッチ

ねじまわしのケースのフタをとっておけば、使うときにワンタッチ。ここ玄関の棚は、災害備蓄品と日用品ストックを、大まかに種類分けして「一元管理」。

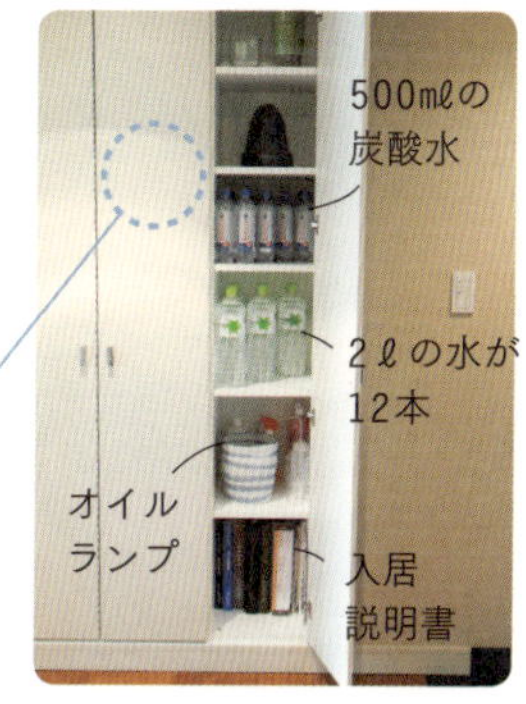

災害備蓄品の水が12本

非常用として用意してあるのは水だけ。食糧は冷蔵庫・冷凍庫のストックで。「72時間（3日間）は自助努力。その間に次の手を考える」が信念。

文房具ストックの一元管理

書斎の棚の引き出しの1つが、文房具ストック置き場。ストックは大量にないと不安？　いいえ、補充するときにチェックすれば十分です。

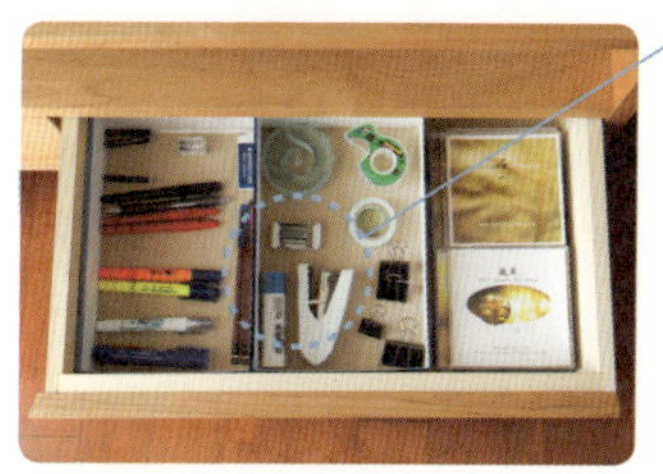

ホッチキスの芯もワンタッチで

フタがないと心配なのは、そもそもストックが多すぎるから。芯の替え時は突然やってくるので、できるだけワンタッチで。

すぐに、何がどこにあるのか、わかる！

ワンアクションを可能にしてくれるフタなし収納

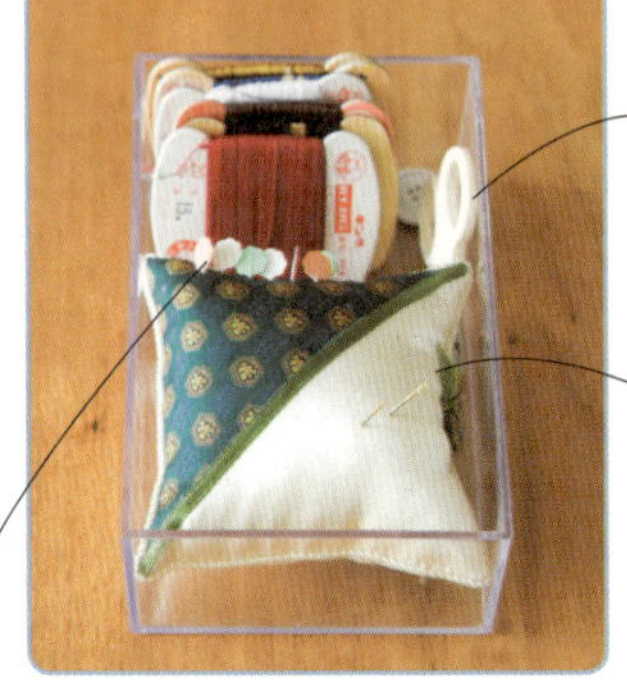

こじんまりしたお裁縫箱

お裁縫箱って、なぜあんなに大きいのでしょう。白い糸ばかり大量にあるお宅もありますね。ボタンつけや裾上げ程度の出番なら、この大きさで十分。

文鎮にもなる
1人2役

経費精算用の
レシートはココ

日々お財布からレシートを出し、経費に関するモノをこの箱で保管。お願いしている税理士さんに定期的に送っています。

いっぱいになったら
銀行で紙幣に！

だいぶ重くなった
小銭貯金

帰宅したら必ずお財布チェックして、小銭を出すのが日課。それが、この貯金箱。「節約」とは関係ない、ささやかな愉しみ。

元気が出るキーホルダー

アジアの市場で飛びついたキーホルダー。交感神経を刺激してくれるようなその色と形。

バッグの中で迷子に
なりません

料理する気分になれないのはなぜ?

「そこに立ちたい」と思う空間づくりから

料理を作るのが億劫。

献立を考えるのが面倒。

あちらこちらから聞こえてくる声です。それでも毎日毎日食事の時間はやって来る。家族がおなかを空かせて待っている。重荷になっている人もいるかもしれないですね。

本書は、「ちょっとしたコツで料理の腕を上げる」本ではありません。「そもそも料理に対する発想を変えよう」という本です。

「面倒」「億劫」「やりたくない」という気持ちの裏には、「作業」であり「義務」であり「やらなければならない」という気持ちがあります。

どうしたら、「食べたい」「料理したい」という気持ちになれるでしょう?

家事は、「こまめ家事が基本」とお話ししました。料理も同じ。刻々と変わる気持ちの変化に合わせていくことが大事なのです。人間は気持ちが変わって当然だと気づくことができれば、1週間ぶんの「まとめ買い」などしなくなります。人間は本来、たくさんのモノを管理できないですからね。

ちなみに、業務用スーパーの「大容量」食材・調味料も盲点です。「安い！ お得！」と飛びついて、結局あまらせてしまう。モノには「適量」があるのです。

作り置きも、「まとめ家事」として行わないこと。「残った食材があるから余分に作っておこう」、「料理の延長で作っておこう」。作り置きとは本来そういうもの。

「まとめ買い」と「作り置き」の結果、何が起こるかというと、キッチンがモノで埋め尽くされるのです。作業台はゴチャゴチャ、冷蔵庫はギッシリ。ともするとシンクには食器の山ができています。このなかに立って、料理したいと思うでしょうか。腰が重くなるのはまちがいありませんね。

そこで、「キッチンに立ちたい」と思うような空間をつくることが第一。モノを減らす。モノをためない。作業をためない。

作業台の水平面がスッキリと広がり、冷蔵庫の食材が一目瞭然になれば、自然と食欲も湧いてきます。「おいしいもの作るぞー」と腕まくりすることでしょう。

冷蔵庫は「一目でわかる」にしておく

レジ袋で食材を保管しない

みなさん、冷蔵庫の扉を開けてみてください。

どんな食材が、どのくらい入っていますか?

その食材や調味料は、「一目瞭然」ですか?

多くの人がやりがちなのは、スーパーで買った食材をレジ袋のまま冷蔵庫につっこむこと。野菜をレジ袋のまま野菜室へ入れてしまうのです。レジ袋の大きさが野菜のサイズにぴったりというわけなのでしょう。野菜室を開けたとき、レジ袋が所狭しとあったら、にんじんもキャベツも見分けがつきません。

また、スーパーではレジ袋より薄い透明袋をつけてくれることもあります。持ち帰りの際、食材の飛び出しや汁漏れを防ぐためのものでしょう。この袋、冷蔵庫に保管するときにはもう必要ないですよね。トレイにのったお肉やお魚は、より中身の見やすいトレイの状態にして保管すればいいですよね。

買い物から帰って、レジ袋や透明袋から食材を全部出す。この「ひと手間」をかけるだけで、冷蔵庫はぐんと俯瞰しやすくなり、取り出しやすくなります。

私は、野菜をジップロックの透明袋に移し替えています。卵は、販売用のパックから取り出し、深さのある器にみかんのように盛っています。

調味料も「そのつど買い」。常備しているものは、しょうゆ、塩、味噌にみりんにお酒くらい。あとは料理に合わせて必要なモノを買っています。

お店の厨房のように、スパイスがずらりと並んでいるお宅があります。ベーキングパウダーなんて普段から使いますか？　大量ストックした食材・調味料は、結局、使い切れずに捨ててしまうのですから。「まとめ買い」「作り置き」を習慣にしていると、思考停止してしまいます。同時に、感覚や感性も麻痺してしまいます。

冷蔵庫の中にあるモノは、ワンタッチで取り出せることが基本。そのためには、冷蔵庫を俯瞰できること。食材が奥に押し込まれて見えなくなったら、存在を忘れてしまいます。その結果、同じモノを「二重買い」する。

冷蔵庫に何があって、何が足りないのか。把握できなくなっていたら、即、断捨離が必要です。

冷蔵庫の中は、色をできるだけ消しておく

食材がおいしく見える冷蔵庫

ペットボトルのラベルは「最初のひと手間」ではがしておきます。ただしお客さま用の炭酸水は例外。調味料も乾物も冷蔵庫で一元管理。

ミニサイズの
おしょうゆさし
お客さま用。
みそ
炭酸水は
ロスバッハー（ドイツ）
2ℓの水
アボカド
お漬物や乾物、肉や魚、
缶詰もここ。

出番の多いモノたちは こうして「一元管理」

ジップロック

ゴミ袋

排水溝ネット

排水溝ネットも包装袋から取り出して

台所の排水溝ネットはパッケージから取り出して透明な容器にまとめ、シンク上の棚に置いておきます。

フタのある容器はいらない

ワンタッチで取り出せる透明袋

タッパーなどの密閉容器、便利ですよね。お宅に何個くらいありますか？

大きいタッパーの中には中くらいのタッパーが、さらにその中に小さなタッパーが入っている。100個以上のタッパーがあって、タッパー専用の収納スペースがある。

そんな話をよく聞きます。私は密閉容器の増殖を防ぐため、あえて冷蔵庫で保管していました。「総量」を限定し、小さい密閉容器（ジップロック製品）が10個。大きいものが5個。ごはんを1パックずつ詰めて冷凍するなどして活用していましたが、最近は、その密閉容器も「断捨離」へ。ジップロック製の密閉袋にシフトしています。なぜかというと、密閉容器にはフタがあり、中の食材をワンタッチで取り出せないから。また密閉容器はつい積み重ねてしまいますからね。

先日、受講生さんのお宅でキッチンの様子を観察していました。

冷蔵庫には100円ショップで買った2段のトレイの引き出しが置いてあります。トレイを引き出して、奥のモノを取り出す仕組みです。

彼女が冷蔵庫を開ける。手をつっこんで食材を取り出す。アクションは、それで終了。引き出しを引き出す作業はついにありませんでした。つまり、収納トレイは必要ないということ。商品広告では「収納トレイは引き出せて便利」などとうたっていますが、実際に引き出しているところを見たことがありません。

冷蔵庫の手前だけで作業している人が多いのです。いっそのこと、薄型冷蔵庫にしてしまってもいいくらい。

そんなわけで、私は密閉袋を愛用しています。袋であれば、ほぼワンアクション。使い捨ても可。なかには袋を洗って再利用している人もいますが、洗って乾かすのは手間です。手間を省くために袋を使っているわけですからね。

お米も密閉袋で保管。2キロで購入して大きめの袋に移し、お米が減っていくにつれて袋も小さいものに替えていきます。

わが家の冷蔵庫の扉の袖には、強力クリップが8つはさんであります。これは、使いかけの袋をとめておくためのクリップ。冷蔵庫を俯瞰したとき、このクリップが「食べかけですよ」と語りかけてくる役目も果たします。

「透明な収納」は迷いがない！

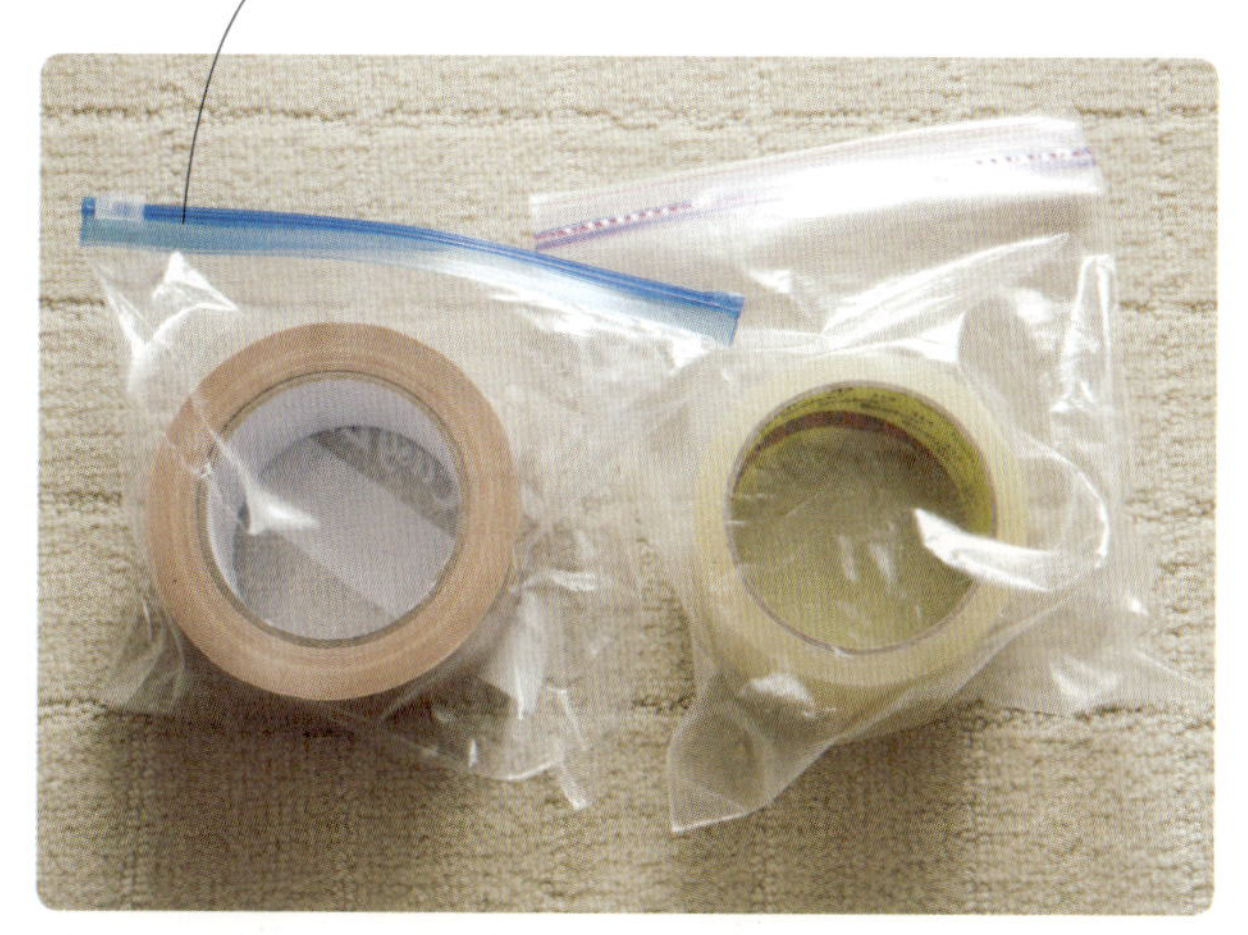

ガムテープもクリアな袋に入れて収納

密閉袋は、冷蔵庫で活躍するだけではありません。べたつきやすいガムテープも密閉袋に入れておけば、べたつかない。ストレスフリー。

洗面所もワンアクションで取り出す

洗面所で使うこまごまとしたモノが収められた洗濯機上の棚。種類ごとに透明のグラスにまとめ、「扉を開けたらワンタッチ」を実現しました。紛失しやすいクシもブラシと一体化させて。

キッチンに出ているモノは最小限

ビジュアルで選んだ鍋とフライパン

以前、ある雑誌にイギリスのキッチンが紹介されていました。キャッチコピーは、「水平面にやかんが1つだけ」。コレだ！　と感銘を受けました。

現在、わが家のキッチンにあるモノは、飾り器とお茶セット、新参のスチームトースター、そしてやかんだけ。こまごましたモノは引き出しの中へ、食器は扉の中へ。電子レンジや炊飯器は、ほかの調達器具で代用ができるからと断捨離しました。

「用の美」という言葉があります。つまり、使いやすいモノはおのずと洗練されて美しいものになるという意味です。私が調理器具を選ぶポイントがまさにここ。ビジュアルで選んで今のところ正解です。

鍋とフライパンはル・クルーゼの赤。食欲増進作用もあるといわれる赤。

標準サイズの鍋、大きめの楕円形鍋、ごはんを炊く小さめの鍋、そしてフライパンの4つ。ガス台下の引き出しに、俯瞰できるように置いてあります。それぞれに座布団（ニト

料理したくなるキッチン

やかん、器、ティーセットなどお気に入りのモノが少しだけあるキッチン。「さあ、おいしいもの作るぞー」という気分になります。料理が億劫な人は「モノ減らし」から始めてみては。

リのシリコン製の敷き物）を敷いて、ゆったり「間」を空けて。数が絞り込んであるので、それが可能。使っていない鍋やテンションの上がらない鍋はありません。

キッチンで気持ちよく動くためには、「動線よりもアクション（手間）を考えよ」でしたね。

ル・クルーゼ鍋を使うときは、引き出しを開けて、ほぼワンタッチで取り出します。調理したらそのまま食卓に出してもOK。美しい調理器具は、見た目だけではない強みがあるのがおわかりでしょう。

お玉やフライ返しなどは、作業台とガ

ス台からワンタッチで取り出せる扉の中で「一元管理」しています。

これらの調理器具はキッチンにぶら下げる人も多いのですが、私は多くのモノがぶら下がっているのは苦手。

キッチンにぶら下がっているのは、小さなまな板と鍋つかみとハサミだけ。

少しのモノを「はらはらと」がつり下げるのが好きです。

食器をとり出すときも「ほぼワンタッチ」が基本です。そのために数を絞り込みます。1枚1枚、1客1客に愛着を持てる、そんなモノだけ手元に置きます。

「ワンタッチ」を実現するためには、食器をできるだけ重ねずに置くことがポイント。重ねたいときは、同類同型のモノをごく数枚に抑える。重ねれば重ねるほど、アクションカウントは増えます。そうしているうちに、小さなお皿が大きなお皿の下敷きになっている悲しい光景も生まれるのです。

食器や調理道具は、扉の中でディスプレイしましょう。お店で売られているときのように「間」を意識して。すると見た目だけでなく、使い勝手もグレードアップしますよ。

キッチンに置かれた「愛しいモノ」たち

一杯いかがですか？

キッチンの一角に佇むティーセット。中国や台湾に行くことが多く、おいしいお茶との出会いも多く。お茶にはちみつを入れていただいています。

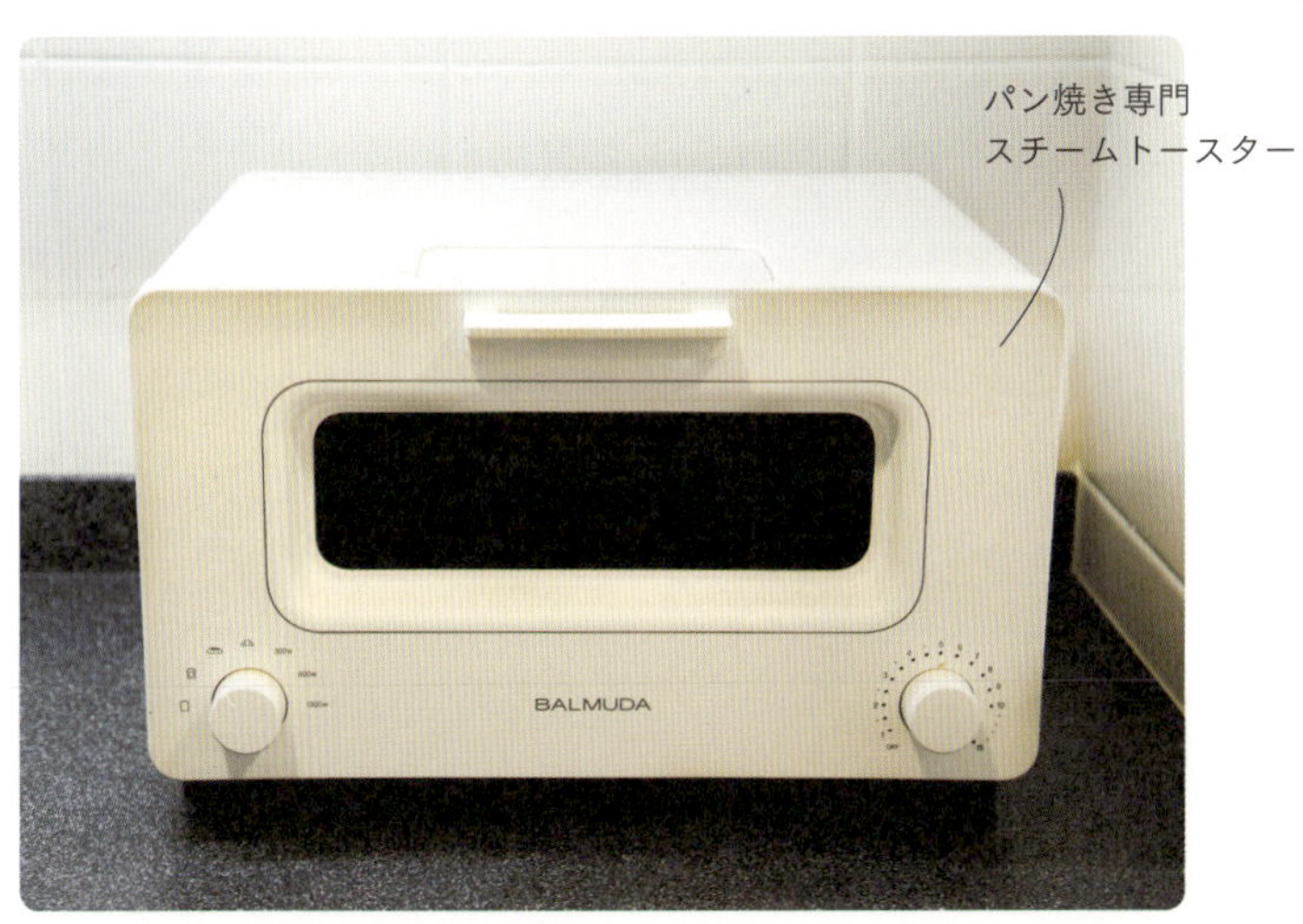

新しくやってきたキッチン家電

コーヒーメーカーを断捨離し、代わりにやってきた、パンを焼くのに特化したスチームトースター。パンはもちろん、お餅を焼いて食べたいと購入したもの。

献立いらずのトッピング料理

料理のコンセプトは「簡単でおいしい」、「豪華トッピングで演出」。それだけです。

私は献立を立てません。かわりに「食のセンサー」を働かせます。

今、何を食べたいか。（お客さまがいたら）何を一緒に食べたいか。

そのうえで、「冷蔵庫の食材」と相談し、それで間に合えば料理へ。間に合わなければ買い物へ。お店でも、食のセンサーを働かせます。

お客さまが大絶賛してくれるのがこのメニューです。

キャベツの蒸し煮オイルサーディン添え

レシピ

1 キャベツを洗ってちぎって、鍋に並べる
2 缶詰のオイルサーディンをキャベツの上に散らして15分ほど蒸し、塩こしょうや日本酒で味を整える
3 薬味（パセリなど）を散らし、鍋（ル・クルーゼ）のまま食卓へ

簡単でしょう？ オーブンも使わず、蒸すだけですから。

この料理は、食材がすべて。新鮮なキャベツでしっかりおいしく仕上がります。オイルサーディンもケチらず、いいモノを買ってきます。そう、食は鮮度が命。

友人がこんなことを話していました。

「ホタテの水煮と大根のサラダをよく作るんだけど、ホタテの水煮をちょっと安いモノにしたらとたんにまずくなった。100円ケチっただけで、全体に影響があるわね」

さらに私のモットーは、「食は演出がすべて」。薬味をトッピングすることで、もてなし料理としての見栄えもよくなります。

あまったネギやミョウガは細かく切って、冷凍庫で保存しています。トッピングのためにネギやミョウガを買うのではなく、残ったモノをそうしているだけ。
これら薬味は冷凍庫で長期間保存していると霜だらけになるので、早めに使います。使い切らなかったら、涙をのんで処分。使い切れないと罪悪感があるのは事実ですが、これも「作り置き」の一種ですから、使い切れないものと思ったほうがいい。私たちは「使い切り幻想」から脱出する必要があります。
ほかに、オクラ、パクチー、岩ノリ、鰹節などさまざまな薬味を保存しています。薬味をお豆腐にポンとのせるだけでも立派な一品に。冷やしうどんに薬味をてんこ盛りにするのも好みの食べ方です。

「野菜をそのまま」姿煮、姿焼き、姿蒸し

野菜を切り刻んでトッピングするのも好きですが、野菜を大きいまま単品で使うのも好きです。アスパラ、オクラ、ネギ、しいたけ……。そのままの姿で調理し、ちょっとおしょうゆをたらすだけで、十分おいしいし見栄えもいいのです。

調理法もいたってシンプル。焼くだけ、蒸すだけ、煮るだけ、あるいはそのまま。野菜の姿焼き、姿蒸し、姿煮。お肉をちょっと添えてもいいですね。和洋中、いかようにも「変身」します。

そのためには新鮮な野菜を使うことがポイント。添えるチーズや塩こしょうに少しこだわれば、一気に味もグレードも上がります。

野菜の単品料理で、私の一番のオススメはネギです。

ぶつネギの煮こみ ベーコン風味

レシピ

1 太い立派な長ねぎ（下仁田ネギなら言うことなし）を5センチくらいにぶつ切りにする
2 鍋に半分くらい水を入れて、コンソメで煮る
3 仕上げに細かいドライベーコンを散らす

簡単でしょう？　本当においしいですよ。

「ひでこ流ぶつネギの煮こみ。ベーコン風味」などとネーミングを考えるのも愉しい演出です。俳句を一句読んで添えてもいいですね。

ほかに、次のような料理もおいしいですよ。ご覧のとおり、私の味つけはしょうゆベースです。

野菜単品料理レシピ

オクラと生ゆばの和え物
ひとつまみの塩を入れた熱湯でオクラを軽くゆで、生ゆばとまぜてしょうゆをたらす（だしじょうゆだとなお美味）。

アスパラしょうゆ
ひとつまみの塩を入れた熱湯でアスパラガスをゆで、しょうゆをかける（素材の味です）。

トマトごろごろスープ
トマトを四等分に切り、コンソメで煮込んでスープに（トマトのだしが出て美味）。

こんがりパプリカ
赤、黄、オレンジのパプリカをスライスし、鉄板で焼いて、しょうゆをたらす。

アボカドのブルーチーズ和え
アボカドをごろごろと大きく切り、ブルーチーズを散りばめてしょうゆで和える。

納豆うめぼし
小粒の納豆と、大きめにちぎった梅肉を和え、オクラやネギなどの薬味をトッピングする。

アスパラの姿焼き
アスパラに、パルメザンチーズとオリーブオイルと塩コショウして、焼くだけ。

ピーマンのオーブントースター焼き
オリーブオイルをかけて、オーブンで焼くだけ（これまた素材の味！）。

わかめサラダ
わかめとごま油とポン酢。和えるだけ。

「使ったら始末する」という基本ルール

「流れ」を滞らせない

食べたり飲んだり、何かを使ったりしたら、後始末はつきものです。これはあたり前のようですが、意外とハードルが高いようです。私が出会うのは、「立つ鳥跡を濁す」光景ばかり。

たびたび目撃するのが、飛行機で借りるブランケット。くちゃくちゃにして座席に置いたまま飛行機を降りていく人のなんと多いこと。せめて2つにたためばいいのにと思うのですが、それすらできていない。

たたんであることのほうが少ないです。

新幹線のトイレでも、使ったペーパーがゴミ箱からふわーっとあふれています。だから私はシューッと押し込んで出てくるのがもう習慣になってしまっています。

たびたび訪れる中国は、トイレットペーパーをトイレに流さない文化です。硬水でペーパーが溶けにくいためでしょうか、使ったペーパーがゴミ箱で山盛りになっている。あれはなかなか悲惨な光景です。

でもそれは日本も同じ。

日本はメンテナンスの回数が多く、そのつど係の人がキレイにしてくれています。だからあまり散らかりが目立たないだけで、どこでも同じです。

メンテナンスは滞らない、滞らせないことが肝心です。

家事は、詰まっていいことは1つもない、滞っていいことは1つもない、と覚えておきましょう。

もちろん人間だから詰まらせてしまうこともあるし、滞らせてしまうこともある。それを早めの手当てで回復する、というのが断捨離です。

食器はペーパータオルで拭く

「使い捨て」だから早い、キレイ

料理の後片づけに後始末。好きな作業ではないという人も多いでしょう。これも、まとめてやるほど億劫になります。「こまめ家事」で心を軽くしましょう。

料理しながらお皿を洗う。使った調理道具はすぐ洗う。

食器洗いはそのつどすると、手間が少ないのです。2〜3枚だったら食器洗いも苦にならないけれど、シンクに山盛りになっていたら、立ち向かうのにハードルが上がる。ためてやるから一大作業になってしまうのです。

「食洗機に食器がいっぱいになってからスイッチON」というポリシーの人もいますが、これも合理的なようでそうでもない「まとめ家事」スタイルです。「電気代の安い時間に食洗機をまわして、20円得しました！」などというのはいじましい世界。まちがった「節約」です。

食洗機に長い間、食器を放置しておくのも「待ち時間＝ウェイティング」のストレスになります。少ない枚数なら、さっさと洗って終了。家事に流れをつくりましょう。

「こまめ家事」を応援するものが、ペーパータオル。食器洗いには水切りラックを使用せず、ペーパータオルを使っています。水切りラックにお皿が山になっている絵は美しくないですからね。

食器洗いの手順としては、

1．シンクの横にペーパータオルを敷いておく。
2．洗った食器をその上に置いて水を切る。
3．水気がとれたら、新しいペーパータオルで食器を拭いて棚にしまう。

ペーパータオルは「一時的に置いていますよ」という図をつくり、棚にしまうという次の作業につながります。

ペーパータオル1枚で、作業台からシンクまで全部拭けます。使い終えたら、ゴミ箱へ。そうなんです、使い捨ては本当に便利。

わが家の「掃く・拭く・磨く」は、ほとんどが使い捨てのモノで行います。

食器洗いのスポンジは、2～3日サイクルでどんどん入れ替えます。

スポンジは雑菌の温床。

黒くなるまで使い続けるなんてあり得ないこと。

台拭き、食器拭き、雑巾も使いません。姑は、いつもせっせと雑巾を洗濯していましたが、使うことをやめたらどれだけラクでしょう。

これら布類は、後始末の後始末が必要です。洗って消毒して干して……と手間がかかり、場所もとられ、見た目も美しくない。ペーパータオルの清潔さにもかないません。

ペーパータオルはシンク下や洗面台の下など、「使いたいとき、すぐ手にとれる場所」にポンポンとセット。ストックは玄関の棚に「一元管理」しています。

後始末は
スイスイと、美しく。

エコな多用途洗剤

食品にも使える植物由来の洗剤「松の力」。我が家は食器と住居用に大活躍。

どこでも
ペーパータオルを活用

キッチンで一番の働き者がペーパータオル。シンク下の引き出しの透明ボックスの中で待機しています。

動きまわりやすい
空間で

食器は水気がとれたらペーパータオルで拭いて指定席に戻します。

マット、マット、マット

いつの間にか持たされているモノ

わが家ではトイレスリッパを使いません。と言っていたら、スリッパを探されるお客さまもいたので、来客時に限っては用意することにしたのですが。トイレが清潔なら、トイレスリッパを履く必要はないですよね。

そもそもトイレスリッパは、昔のじめじめした湿式のトイレのためのもの。今は完全水栓になり、床は乾燥しているため必要ないのです。

学校でインフルエンザが大流行する原因はトイレスリッパにある、という話もあります。昔はトイレ掃除となれば、バケツの水をひっくり返してゴシゴシやっていましたよね。それを廃止し、トイレ掃除は乾拭きに、つまりトイレを乾式にしたら、インフルエンザの流行は抑制できたといいます。

トイレスリッパは、維持管理も大変。それ自体が汚れているからトイレの床が汚れてしまいます。便座マット、トイレマットも同じです。これらを清潔に保つことは至難の業。

玄関マット、キッチンマットの類も、維持管理が大変という理由で持っていません。ベランダ、勝手口など、出入り口という出入り口に必ずマットを敷いている人がいますが、なんのためでしょう。

マット類は、思考停止の証。親世代がやっていたことを、そのままなぞっているだけ。メンテナンスの労力を増やしているだけ。そして、部屋の掃除をしづらくしているだけ。結局は「モノ軸」になっているのです。

繰り返しますが、モノには時間と空間と手間がセットでついてきます。ですから、モノを減らせばまちがいなく、あなたの時間、空間、エネルギーは戻ってくるのです。

水平面スッキリの くつろいだ空間

トイレのひとときを愉しむ

ペルーの街角で買った絵やユーモラスな置き物を置いて、「ひととき」を愉しむ空間に。お客さまとの話題の１つにもなります。ときどき模様替えも。

ペルーの置き物

ここらへんから
香りが漂う。

ここで
掃除グッズが待機。
アロマオイルも。

床にモノがない清潔空間

マットとスリッパがないと、トイレが広くなります。ウェットペーパーで、便器まわりと床、さらに便器の中もキュッキュッと拭きます。

ゴミ袋をケチケチしない

「満タン思考」を捨てよう

スーパーのレジ袋、どんなタイミングで捨てていますか？

「いいえ、捨てません。何かのときに使えるから」という人も多いのではないでしょうか。

レジ袋を丁寧に三角形に折りたたんでストックしている人もいます。

たしかに、レジ袋はゴミ袋として使うには便利です。食料を詰め込んでくる袋ですから、ちょっとした汚れが付着している可能性もあり、生ゴミを捨てるにはちょうどよい。つまり、持ち帰ったレジ袋の滞在時間は短いというわけです。

レジ袋は、日々増えていくもの。これ以上は持たないという「総量規制」を意識しておくことが大切です。

レジ袋を捨ててしまうなんて、もったいない？

レジ袋を一生懸命3つ折りにしている時間を時給換算してみてください。それこそもったいないでしょう。そこで悩む問題ではないと思います。

今は、すぐ手に入る世の中。レジ袋はすぐ手に入るという自覚がないのです。それとも、すぐ手に入れてはいけないと思っているのかしら。

私はレジ袋じたいを「断」っています。

スーパーに行くときはマイバッグを持参。生ゴミを捨てる袋は、別途購入しています。小さいサイズ（10ℓ）と中くらいのサイズ（30ℓ）と大きなサイズ（45ℓ）の袋を。

買うといってもわずかな値段。既製品の袋はパッケージに入っているのでかさばらず、レジ袋とちがって置くスペースをとりません。

ゴミを捨てるときは、まず小さい袋に捨てる。いっぱいになる前に袋の口をしばる。そして、小さい袋を中くらいの袋に捨てる。その袋もいっぱいになる前に口をしばり、ゴミ捨て場に行く前に大きな袋にまとめます。

これで始末完了。ニオイが発生することもありません。

ゴミ箱は、シンク下の引き出しに

ニオイもなし。見た目もグッド

ポリシーは、「捨てるときも美しく」。生ゴミの出るシンクの下の引き出しにゴミ箱が収まっています。紙ゴミ、資源ゴミ、燃えるゴミの３種類。生ゴミをむき出しにする時間は極力短く。

ペットボトルなど。
ラベルが取ってあるから、
つぶしていれるだけ

第3章

朝6時からの「朝家事」

「いってきます」の前にこれだけは

Panasonic
Wash & Dry

「朝家事」のルール

おはようございます。

みなさんはどんなふうに目覚めますか？

私の理想的な目覚め方は、「おなかが空いて目覚める」です。胃腸を休めることで、睡眠はぐっと質が高まります。もう1つ、熱めのお湯に浸かることも朝の日課。

早めに家を出る人は、家事をしているヒマなどなくバタバタと支度するだけ、という人も多いでしょう。

そんな朝家事のポイントは、「これだけやっておけば帰宅したときに心地いい！」。

この章では、「そのつど掃除」や洗濯のルール、朝の支度を短縮する方法をご紹介します。

私の「朝家事」ルーティンはこちらです。私は朝5時起床のことが多いですが、みなさんは起きた時間から「朝家事」始めてみてくださいね。

やましたひでこ流「朝家事」の流れ

午前5時

遅寝早起き生活

自然な目覚め。おなかが空いて目覚めた朝は、エネルギーに満ちているよう。

まず、カーテンを開ける

まだ日の出前。白み始める窓の景色を遠くまで眺めます。

畳ベッドのふとんをたたむ

寝心地のいい畳ベッドはくるみの無垢材。ふとんをたたんで体を動かします。

観葉植物を愛でる

乾燥に強い元気な観葉植物たち。「水やりどき」は彼らが教えてくれます。

カーテンを開けて体を動かす

基本は、遅寝（おそね）早起き生活。原稿執筆でおおいに時計が狂う日もありますが。目覚まし時計をセットすることもなく、たいてい自然に目が覚めます。

起き上がったら、最初にカーテンを開けます。東京の街は日照前。徐々に光を帯びていくビル群を眺めると、気分も上昇してきます。

畳ベッドにふとんを敷いて寝ているため、ふとんをたたんで重ねておきます。

観葉植物の水やりは、夏場は週に1回、冬場は2週に1回ほど。乾燥に強い丈夫な子たちを選んでいるのです。切り花の水替えは毎日。忙しい日々も花や緑を絶やさずにいると、心がホッと和みます。

午前5時30分

お湯張りの間に朝食準備

ベッドルームから直行するのはバスルーム。朝風呂のお湯を張ります。

朝食は軽めに

今朝は酵素ジュース。炭酸水で割るとちょうどよい甘みとさわやかさに。

ペーパーで隅々キレイに

食器洗いは食後すぐ、間を置かず。ゴミ袋の口もすぐ縛っておきます。

ゴミ袋の口はすぐにしばる

朝はしっかりお湯に浸かるので、お湯張り。その間に朝食をとります。ごく簡単に卵かけごはんや昨晩の残りものにすることが多いけれど、最近はもっぱら酵素ジュースのみ。私の場合、朝食は軽めのほうが心身の働きがいいことがわかったから。

簡単朝食の日は、後片づけも簡単。洗った食器は、ペーパータオルに伏せて水気をとり、早めに拭いて棚にしまいます。使ったペーパータオルは、シンクまわりを拭いてゴミ箱へ。生ゴミの入った小さなゴミ袋は、口をしばっておきます。

家を空けておく間、キッチンにモノやゴミを残していったら気分よくないですからね。

午前6時30分

洗濯機ON
お風呂へGO

洗濯機をコトコトまわしながら、朝風呂に浸かります。熱めのお湯に5分。

掃除しやすい
バスルーム

石けんとスポンジでお風呂掃除。「そのつど掃除」だからゴシゴシいらず。

浴室のポールに
ハンガー干し

シャツも寝間着もハンガーで。タオル、ジーンズ、ストッキングは直接ポール掛け。

浴室も洗濯物も同時乾燥

お風呂に入るとき、脱いだものも含めて洗濯機をまわします。

洗濯している間に、お風呂へ。お風呂グッズはすべて持ち込み方式。熱めのお湯に5分ほど浸かります。

お風呂から上がったらお湯を抜き、お風呂掃除。排水溝の髪の毛を拾ったあと、バスタブや床をスポンジでくるくる拭います。洗剤は使わず、体洗い用の石けんで。モノが置かれていないので、掃除も短時間で終わります。

洗濯が終わったら、お風呂場のポールにハンガーでつり下げて干します。タオルは直接ポールにかけて、浴室乾燥のタイマーセット、スイッチオン。

**メイクは
身だしなみ**

仕事の日は、いちおう手順を踏んだメイクを施します。在宅の日はノーメイク。

**トイレも
「そのつど拭き」**

お掃除しつつ、アロマオイルを漂わせる「もてなし空間」づくりも。

水栓金具を光らせておく

歯磨きの後は、メイクタイム。「断捨離」で皆さんの前に出るようになってから、身だしなみとしてのメイク習慣ができました。といっても、洗顔後のスキンケアは「何もしないスキンケア」ですけど。

メイク道具一式は、鏡の扉の中へ。小瓶1本も洗面台に出しておきません。引き出しにあるペーパータオルで、鏡や洗面台の水しぶきを拭き、水栓金具を光らせておきます。

トイレは使うたびに、「そのつど掃除」。トイレットペーパーの芯の中に、アロマオイルを含んだコットンを忍ばせ、空間に香りを漂わせます。自分へのもてなしの1つ。

午前9時

昨晩準備した服を着る

慌ただしい朝も、クローゼット「明日着る服」コーナーの仕事着を着るだけ。

出発前に「水平面」チェック

わが家はモノが少ないけれど、それでも「ちょい置き」がいくつかありました。

「いってきます」

部屋を片づけて出発すると、いい下着を着て出かけるようで気持ちがいい。

水平面をキレイにする

クローゼットの「明日着る服」コーナーにある服を着て、コーディネートしたバッグを選びます。前日にバッグの中身を出しておいたカゴから、持ち物をその日のバッグに移し替えます。

家を出る前の習慣、床とテーブル（目の高さにカウンターなどがある場合はそこも）に水平面をつくります。床にモノがなくなったら、ルンバをセット。

昨晩のうちに口をしばっておいたゴミ袋（大）を持って、各階にあるゴミ置き場へ。高層マンションのありがたいところは、毎日ゴミ出しできるところです。

玄関で身だしなみをチェックし、「いってきます」。

「ちゃんとした朝ごはん」に縛られない

朝から無理しないで

朝ごはんは、英語でブレックファスト。この言葉は、ファスト（断食）をブレイク（破る）する、という意味です。朝ごはんは、空腹であってこそおいしいのですね。

寝る前にしっかりした食事をすると、消化しきれず、多少の疲れを残して目覚めることがあります。そんな朝は、朝ごはんを抜いたり、酵素ジュース1杯で済ませたり。私なりの断食「ファスティング」で心身を調整します。


「朝ごはんをちゃんと食べなきゃ」

こんなふうに思っている人がいますが、「ちゃんと」とは、なんでしょう？

規則正しく？　一汁三菜？

私は、「身体に聞け」ということではないかと思います。食べたい朝もあるし、食べたくない朝もある。胃袋はメンタルの影響を受けやすく、疲れやすい部位。規則正しく食べるのは原則だけれど、規則正しい生活を送っていないのに食事だけ「規則正しく」はムリな話です。

おなかが空くのを我慢するのはつらいけれど、おなかいっぱいなのに食べるのもつらいですから。朝ごはんには2つのステップがあります。

1つは、食べるか、食べないか。2つめは、何を食べるか。

一概に、「きちんと食べよう」といってもムリな話。きちんと食べたいなら、きちんとした生活のベースが必要です。ライフスタイルの点検をすること。それがあってこその朝ごはんです。

「食」は、非常にパーソナルなもの。「ちゃんと」にとらわれるとストレスになります。「ちゃんと」は身体に聞いているのではなく、頭に聞いている証拠ですから。

家族のために食事を準備する人も、毎日毎日「ちゃんとした朝ごはん」でなくてもかまわないと思います。今は、栄養過多の時代。「一汁一菜」をうたう本もブームになっていますす。「ちょっと手抜きかな」と思っても、家族と自分自身がおいしく食べていればだいじょうぶなんですね。


おいしい朝ごはんを「ねばならない」で縛らないでください。

バスルームに何も置かない

石けんも掃除道具も持ち込み式

最近、日本人でもお湯に浸からない人が増えています。平熱が高い外国人であれば、シャワーだけでもいいけれど、日本人はやっぱりお湯に浸かりたいものです。毛穴が開き、毒素の出方もぜんぜんちがいます。

毎日お湯に浸かる人と浸からない人では、幸せホルモン（セロトニン）の分泌量がちがうというデータもあります。

私は朝風呂派。5時頃に起床し、バスタブにお湯をためます。熱めの42℃に設定。朝は「熱めのお湯に短時間」が基本です。すると交感神経が活発になり、頭がシャキッとします。反対に夜は、「ぬるめのお湯にほどほどの時間」で。長風呂はしないほうが体にはいいようです。

お風呂に入るときは、「銭湯方式」を採用しています。これは、お風呂で必要なモノをそのつど持ち込むこと。私の場合、石けんとシャンプーを手桶に入れて。

ですから普段、お風呂場には何も置いてありません。洗面器やバスチェア、シャンプー、リンス、ボディソープ、洗顔料、タオル……なんにもなし。バスタブのフタも邪魔なだけ。スポンジ、ブラシなど掃除用具も持ち込みです。

モノがないから掃除がラク。洗剤は使わず、体洗いの石けんでお風呂場も洗います。湯アカというのは、つまり自分の体のアカですから、石けんで十分なのです。

排水溝に落ちた髪の毛を拾い、スポンジで排水溝をさっと拭ってお風呂から上がります。「そのつど掃除」だから、カビやヌメリやこびりつきがありません。

何事も、循環させることが大事。今落ちたばかりの髪の毛を拾うのは簡単だけれど、排水溝の奥につまった古い髪の毛を取り除くのは……どうしても身も心も引いてしまいますよね。

普段から洗剤などの薬品を使わずにメンテナンスできる状態にしておくこと。

洗濯物を浴室乾燥させているため、お風呂場も同時にカラカラになるので、カビとは無縁です。

掃除しやすいバスルーム

**洗面台下に
バスグッズ**

タオルやティッシュ、ゴミ箱を引き出しの中にセッティング。

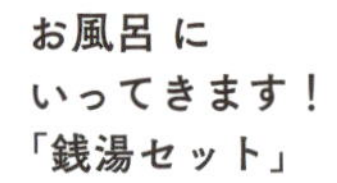

**お風呂 に
いってきます！
「銭湯セット」**

洗面台下の引き出し下段にある、手桶と液体ソープ(たまに石けん)の「銭湯セット」。持ち込み方式にしたのは、洗濯物を浴室乾燥するため、無添加の液体ソープが熱で傷まないようにという理由も。

水平面が広がります

「銭湯方式」を採用したため、お風呂上がりには何もない空間に。バスルーム掃除がラクなだけでなく、ボトルのヌメヌメの掃除も必要ありません。

ここに何も
のっていません

トイレの「そのつど掃除」は1分で

スリッパ、マットがないからいつも清潔

家はきれいな場所、トイレは汚い場所——私はそんな心の壁を外したいと常々思っています。

お客さまを「食」でもてなすように、「トイレ」でもてなす。トイレ空間は、私たちが生きていくために日々お世話になるところです。メンテナンスを滞らせず、いつも清潔にピカピカにしておきたいですよね。

トイレ空間に感謝を込めて、「掃く・拭く・磨く」。

トイレから出るとき、ペーパータオルで便座と床をさっと拭う。体についたアカを落とす感覚で、トイレの汚れもその場で落とす。これが「そのつど掃除」です。少しガンコな汚れには、台所スポンジのお古で磨きます。

「そのつど掃除」にそぐわない、トイレマット、便座マット、トイレスリッパは置きません。トイレを使うたびに少なからず汚れる、これらのモノをどうやって清潔に保つので

しょう。

マメに掃除していれば、来客前、薬品を総動員して慌てて掃除する必要もなくなります。何より大切なのは、トイレをキレイに保っておくことは、日頃のストレスを抱えずに暮らせるということ。「キレイにしなきゃ」と心の片隅で気にしながら生活することは、意外と大きなストレスなのです。

洗面所も同じく、「そのつど掃除」で。落ちた髪の毛を拾う。水しぶきを拭く。洗面金具を磨く。鏡を磨く。

「そのつど掃除」が愉しくなるコツは、モノを置かないことです。ハンドソープ、歯ブラシ、歯磨き粉、化粧道具、ヘアケア用品、ヘアブラシ……。「毎日使うモノだから」と洗面台に林立しがちですが、すべて棚にしまいましょう。

掃除に使うペーパータオルも洗面台下の引き出しに入れておきます。

いかがですか？　「そのつど掃除」は、いつも掃除できるような状態づくり、いつも掃除したくなる気持ちづくりが大事なのです。

床にモノがたくさんあふれたまま、床に掃除機をサッとかけることはムリ。

テーブルにモノがいっぱいのったまま、テーブルをサッと拭くことはムリ。

そのつど掃除をできなくしてしまうのは、掃除の前のモノの片づけで、すでにうんざりしてしまうから。そのためには、
捨てる！　捨てる！　余計なモノは捨てましょう。

トイレ掃除の「ブラシ」はいりません

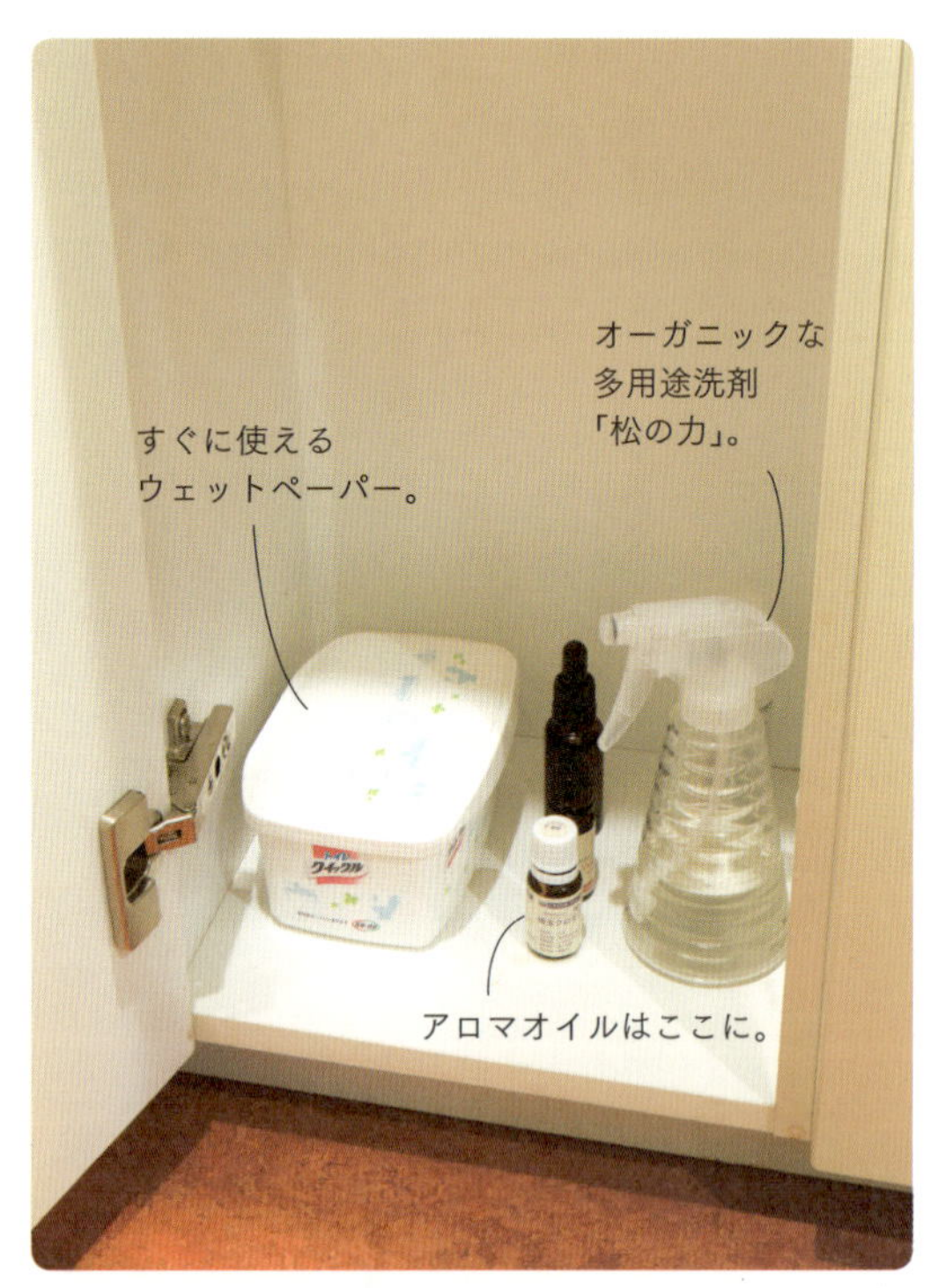

掃除グッズは見えないところに

掃除用具って場所をとるし見た目もキレイじゃないですよね。私は棚の中にひとまとめにしています。トイレブラシは？　便器の中もウェットペーパーで拭くので、専用のゴシゴシグッズは必要ありません。

掃除のルール

「100円グッズ」は季節で終わらせる

どんどん買って、そのぶん処分

かわいらしいグッズが並んでいる100円ショップ。ついつい買ってしまいますよね。「たった100円」とじっくり吟味することなしに、買い物カゴへ放り込んでいきます。たいてい百の単位では済まないものです。

気づけば家は100円グッズの宝庫。家の顔である玄関には、100円×20個＝2000円のモノが飾られます。20個もモノがあるから、手入れは行き届くはずもなく、たいていほこりまみれ。2000円の置き物1つなら手入れもできるのですが。

モノには維持管理の手間がくっついてまわることを忘れてしまっている光景です。「掃く・拭く・磨く」が大変になっていることに気づいていません。

そもそもモノが多いのに、飾ることが大好きなお宅はたくさんあります。かわいらしいグッズ、ファンシーグッズはたしかに心躍るけれど、きちんとケアするのは大変だということを強調したいです。

とはいえ、「買ってはダメ！」と言うつもりはありません。愉しく買い物することは大賛成。100円ショップは、季節ごとのディスプレイには最適です。お正月にはお正月飾りを、ハロウィンにはゴーストグッズを。行事・イベントの気分が高まりますよね。

ただし、季節のモノはその季節で、イベントものはそのイベントで、ぜひ終わらせてください。

「どんどん買って、そのぶん捨てましょう」

これが断捨離の基本です。

「断捨離」はストイックにモノを持たないこと、と誤解している人も多いようです。でもそうではありません。

いろいろなお宅に伺って何が喜ばれるかというと、私が「買いましょうよ。そして、捨てましょうよ」と言うことです。みなさん、買いたいのですからね。今は安くてかわいいお店がいっぱいあるのですから。

私も買い物が大好きです。買う瞬間の行為は楽しいですよね。「なんでこんなモノ買っちゃったんだろう」と失敗することもあります。

買い物に失敗はつきもの。モノとのつきあい方をもう一度みつめるチャンスを与えられたと思うこと。そして、「そのぶん、ちゃんと処分する」。「断捨離」すると、見えないものが見えてきます。断捨離すると、見えないホコリ、汚れが見えてきます。だから私たちは「掃きたい、拭きたい、磨きたい」になるのです。

「あのコードどこ行った？」がなくなります

髪どめのゴムでまとめる

ホテルのアメニティグッズにあるタオル地の髪ゴム。こんがらがりやすいコード類はこれで束ねておきます。輪ゴムとちがって「まとめやすく外しやすい」。見た目もキュート。

髪ゴムたちの新しい使われ方。

「デジタルのカゴ」で行方不明を予防

カメラ、レコーダー、ケータイ、USBメモリ、充電器などのハンディ機器・コード類を書斎の棚の引き出しに一元管理。用途でまとめているので行方不明になりません。

洗濯は、毎日

少量でも翌日にまわさない

「洗濯物がもうちょっとたまってから洗濯機をまわそう」

これは一見合理的、じつは自分の首を絞めている「満タン思考」です。

毎日、洗濯物があるなら、毎日洗濯しましょう。「流れ」をせき止めないこと。循環させること。それがポイントです。

私は朝お風呂に入るとき、同時に洗濯機をまわします。ひとり暮らしなので枚数は多くありませんが、毎日まわす「そのつどまわし」。

お風呂から上がると、洗濯・脱水した洗濯物をハンガーで浴室に干します。タオルやジーンズやストッキングは、浴室の物干しパイプにそのまま掛けて。ときどき裏返しにして。

本来なら、さんさんとした太陽のもと洗濯物を干したいところです。お日様の匂いは、本当にいい匂いですから。でも今はマンション高層階住まいのため、そこは妥協。

その代わり、浴室乾燥することで、お風呂場も一緒に乾燥しています。湿気やカビを防いでくれるのは一石二鳥。

家事とは、やりだめができないものです。

部屋いっぱいに散らかったモノも、山となった洗濯物も、シンクにたまった食器も、それを見た時点でげんなり、やる気が失せます。やる気の出ないことを渋々やるから家事がおもしろくない。大切な休日がそれでつぶれてしまいます。

私は、入浴中に洗濯機をまわすので、体を拭いたタオルは、その日はもう洗えません。つまり、洗濯物が少し残るわけです。その「積み残し」がイヤで、二度洗濯する人もいるでしょう。

「やましたヨシ子方式」（40ページ）の姑は、積み残しがイヤな人。特にゴミの積み残しがキライで、ゴミ出しの日が週2回しかないとなると、食べている最中にもどんどんゴミを捨てていくような人でした。洗濯機も1日何度もまわしていました。

私は、多少の積み残しがあるのは仕方がないと思っています。タオル1枚2枚なら目をつぶる。ところが問題なのは、大量に積み残していること。それを「まとめて週末に片づけよう」と思っているから、落とし穴にはまるのです。

気持ちいい洗面台で心も潤います

**メイク道具を
ディスプレイする**

鏡の中の棚に、1本1本「間」を空けて並べたメイク道具。順に取り出して使い、元の位置に戻す。丁寧な身だしなみの時間。

アクセサリーの休憩所

身につけたアクセサリーは、帰宅時、洗面台棚の白いハンカチの上で休ませます。使用頻度の高いモノはここからふたたび「出動」。

洗濯のルール

ハンガーで干す、ハンガーでしまう

下着はフタのないカゴへ

「洗濯物をたたんでしまうのが一番キライな家事」

そんな声をよく聞きます。

大容量洗濯機で洗った洗濯物は、一気に30枚。干すのも大変。とり込むのも大変。ましてや「たたむ」に手はまわらず……。とり込んだままソファの上に積まれた洗濯物の山は、ちょっと放置すると、さらに山が大きくなっていきます。

こんな光景が家の中で常態化していたら、イヤになるのもムリありません。

そこで私は「洗濯物をたたむ」を断捨離。

「たたむ」ということは「始末の仕方」として大切な行為です。飛行機で借りた毛布をたたんでお返しするように。

でも忙しい日常で、家の洗濯物を1枚1枚たたんではいられません。家族が何人もいたら、洋服は倍々で増えるばかり。「たためば引き出しにたくさん入る」ですって？　洋服を立てて収納したり、丸めて収納したりする「収納術」がありますが、じつにハードルの高い片づけ術です。

引き出しは、本来使いこなせません。引き出しというものは、詰め込みたくなるもの。どんなに詰め込んでも、閉じてしまえば見た目はスッキリ、一安心。洋服で「引き出し収納」はすべきではありません。そこで、「たたまずにしまう」方法。それが私の習慣、「ハンガー干し、ハンガー収納」です。

朝、ハンガーに吊るして浴室乾燥させておいた洗濯物を、夕方、ハンガーのままクローゼットへ移します。Tシャツ、ブラウスも寝間着もスカートも、ハンガーから取り外したりたたんだりする手間はなし。干すときにしわ伸ばしすれば、ハンガー収納はアイロンいらず。着るときも、ハンガーから取り外すだけ。

下着、タイツ、ストッキング、ハンカチ、ふろしきはクローゼット下部にあるフタのないカゴに放り込みます。フタがないから、「モノがとり出しやすく、しまいやすい」。

フタがあると、フタを閉じて中を見えなくしてしまいます。見えなければ、存在を忘れてしまうのが人間の性。忘れてしまうから、履き古したタイツがぎゅうぎゅうに押し込まれることになるのです。

洗濯して、乾燥して、しまって、着る。
この「流れ」をつくれば、家事にかける手間も時間もぎゅっと縮小できますよ。

「たたまずにしまう」方式がいい

フタのないカゴにポンと

下着、タイツ、ストッキング、ハンカチは、クローゼット内のカゴにしまいます。下着、タイツ類の「総量」は３セットずつがマイルール。

「洗濯して、干して、しまって、着る」の流れ

100％植物由来の洗剤

排水で川や海を汚さない「オールシングス・イン・ネイチャー」で洗濯しています。

お風呂に入っている間に洗濯をスタート

洗濯は少量でも毎日が基本。脱いだ衣服も一緒に洗濯機に入れて、洗濯・すすぎ・脱水までします。

朝

浴室のパイプにつり下げ、浴室乾燥スタート

シャツやブラウスはピンと生地を伸ばし、浴室のパイプにハンガーで干します。タオル・シーツなど大きいものは2つ折りにしてパイプにかけ、一度ひっくり返します。

着るときもラクチン

ハンガーにある洋服はアイロンいらず。外してスッと着られます。

夜

帰ってきたら、すべて乾いています

ハンガーのまま、クローゼットへ

乾燥を終えたシャツ・ブラウスは、ハンガーのままクローゼットへ。ストッキング・下着はクローゼットのカゴの中へ。タオルは洗面台下の引き出しへ。

いってきます

「着ていく服がない」と悩まないために

ハンガーで総量を決める

現在のクローゼットは、コの字にハンガーパイプが通っています。クローゼットの右手には普段着や寝間着、左手には仕事服。このように大まかに分類しています。クローゼット正面、真ん中のパイプは空けておき、「明日着る服」コーナーに。クローゼットの洋服には、ハンガーで「総量規制」をかけています。ハンガーが1本空いていたら、「あと1着買ってもいいよ」の合図。ハンガーじたいも美しいモノで統一します。

これで、どの服がどこにあるのか一目瞭然。「たくさん服はあるのに、着ていく服がない！」とパニックになることもなくなります。

季節に合ったお気に入りの服を、着て、着倒して、手放す。積極的に着たいと思わなくなったら、手放しどきです。そして、空いたハンガーに新しい服を招き入れます。

ちなみに現在の「総量」は、仕事服が6セット、普段着が6セット、寝間着が3セット。

コの字型パイプのクローゼット

クローゼット、向かって左手は仕事服（交感神経服）、右手は普段着・寝間着（副交感神経服）と分けています。正面のパイプは「明日着る服」コーナー。

それ以上の数にならないサイクルをつくっています。

クローゼットにも新鮮な空気を循環させているのです。

ところで、ここまで何度か「寝間着」と記しましたが、じつは「寝間着」という言葉にどうもしっくりきていません。寝るときの服を何と呼べばいいのかしら。パジャマでは子どもっぽいし、ネグリジェでもないですし。

私は、ふわっとした心地よい白の綿ブラウス＋スパッツを身につけています。ゆったりが基本だけれど、ときにエレガントに、ときにスポーティーに。

「寝ることは、旅」。私はそう思っています。

つまり寝間着は、「寝ることを愉しむレジャー服」とでも言いましょうか。その服に身を包み、7～8時間の旅を愉しむ。日常でちょっとイヤなことがあっても、今から旅に行くと思えば元気になれる。

だから、「寝るだけなんだから何を着たって同じでしょう?」なんて思わず、自分で自分をもてなしてくださいね。

ふかふかのタオルで暮らそう

粗品タオルは「拭き掃除」で使い倒す

家にタオルは何枚ありますか？

温泉でもらったタオル、粗品のタオル……と際限なく出てきませんか。棚には、たたんで積まれたタオルがぎっしり。下のほうに積まれたタオルの出番はありません。

こうした類のタオルは、断捨離の「断」、入口のところで断つことが肝心です。

ただ、引っ越し挨拶で配られたモノなど、断つことができないモノもあります。こうした粗品のタオルは、雑巾に最適。タオルをもらったら、すぐ使って、すぐ捨てる。

「使わずに捨てなさい」と言っているわけではありません。使命を果たしてもらってさよならしましょう。

タオルは「しっかり拭き」にとても便利です。ペーパータオルにはない強さがありますからね。

私も今日、ベランダの泥汚れを粗品のタオルで拭いてから捨てました。泥がいったんつくと洗ってもなかなか落ちません。真っ黒の雑巾で家の中を拭く気にはなれないでしょう。

体に触れるバスタオルやフェイスタオルは、気に入ったものを選んで購入しています。

とことん肌ざわり重視。大きさと種類を統一した、ホテル仕様の無地の白いタオルを愛用しています。ここは少しお金をかけて上質なモノを。

数にして、バスタオルは2枚、フェイスタオルは6枚。私は普段バスタオルを使わないので、お客さま用の2枚です。

繰り返し洗濯して手ざわりがごわごわしてきたら、買い替えどき。およそ1年周期。

タオルがふかふかだと、幸せな気分になりませんか。

1日に使うタオルは2枚

洗面台下の引き出しには、お風呂上がりにも使うフェイスタオルが6枚と、お客さま用バスタオルが2枚。この引き出しには、ティッシュペーパーとペーパータオルがゴミ箱と共に収まっています。

「気持ちのいい部屋」に帰ってくるために

洗濯物の「残し」をどうする？

旅行、出張、帰省。ひとりで東京のマンションを離れるときは、いつもせっせと断捨離と掃除。そう、荷物のパッキングと断捨離と掃除は、ワンセットの旅の準備です。

ここで、いつも問題になることがあります。それは残った洗濯物。もちろん洗濯も済ませていきますが、残念ながら全部とは言いきれないのが本当のところ。旅行服に着替える前、断捨離と掃除をしていたときの服が残ってしまうから。

私はどうしても洗濯物をひとつも残さずに旅に出たいのです。ここは意地。解決策を考えました。

1. 旅行服で、断捨離と掃除をする
2. 裸で、断捨離と掃除をする

さて、どちらの解決策を採用しているかは、ご想像におまかせしますが。

あるテレビ番組で、私と同じような人をみつけました。芸能人のご夫婦。家族で旅行するとき、一同そろって素っ裸でごはんを食べているのだそうです。理由は、洗濯物を全部干していきたいから。

部屋の中をスッキリさせ、洗濯物1つ残さずに出発したいのだなと笑いながら共感しました。隣でテレビを見ていた夫に、「私、それよくわかるよ」と言うと、彼も「なんとなくオレもわかるような気がする」。わかる人にはわかる、わからない人にはわからない、そんな感覚なのでしょう。

ただそこまで徹底しなくても、外出先から帰って来て、もし家がごちゃごちゃだったら？「ああ、家に帰ったー」とほっとした気分にはなれません。

帰る家は、ウェルカム空間。家全体が「おかえり」と言ってくれるような場所にしておきたいですよね。

完璧にする必要はないけれど、出かけるときはある程度キレイに。ぐちゃぐちゃにして出かけたら、外出中も気になって仕方がないですから。

いきなり誰かが家に上がることになったらどうしよう。もし事故にあって「衣類をとってきて」という状況になったら……。そんなシミュレーションを、ついしてしまいます。

ただ、いつもキレイにしているのは別に不測の事態に備えているわけではなく、何より
いつも気持ちがいいからです。

いつも気持ちがいいということは、不測の事態にも気持ちよく備えられるということ。

というわけで、今週も「アレとアレはマズイな」とわが家の魔窟を断捨離しました。

「帰ってきたい部屋」に暮らす

「モノ減らし」すると、絵を飾りたくなる。花を愛でたくなる。より「わが家」に。

「明日着る服」を決めておく

靴もバッグも同時に決まる

私はこう見えて（？）けっこうどんくさく、朝の支度に時間がかかるほうです。何に最も時間がかかるかというと、洋服選びに時間がかかる。

そこで、前の日に洋服を決めておくことにしました。

クローゼットの真ん中のポールに、「着ていく服」をかけておく。着ていくものが決まっているだけで、スッと家を出られる気持ちになります。

もう1つ私は、朝ごはんをしっかり食べると支度に時間がかかってしまいます。朝食を準備して、食事して、片づける。これらの作業は、じつは意外と時間とエネルギーを使います。最近は食べたり食べなかったり、なのですが。

バッグの中身を全部出す（82ページ）習慣も、朝の支度をラクにしてくれます。中身を1つひとつ点検してその日のバッグに移し替えるため、忘れ物はなくなります。

「朝はバタバタして時間がない！」という人は、何に時間をとられているか、何に迷うのかをおさえておくことが大事。それさえわかれば対策が立てられます。

朝時間をとられるもの

- □ 服を決める
- □ 朝ごはん
- □ メイク
- □ 持ち物用意
- □ 部屋の片づけ
- □ ゴミ出し

など……

身支度を終え、朝食を終え、忘れ物をチェック。ここで時間切れになって、乱雑なまま家を飛び出す人もいるでしょう。

「それでも別に気にならない」という人もいますが、じつは心のどこかで気になっているもの。「早く家に帰りたい」という気持ちになれなかったら、要注意です。

「本当に何も気にならない」というなら、むしろそちらのほうが問題。センサーが錆びている可能性がありますから。感度のいいセンサーを取り戻すこと（そう、断捨離です）から始めましょう。

寝室にあったチェストを
リビングに移動させました

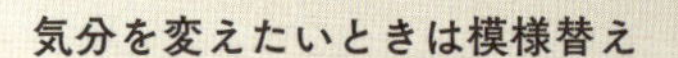

気分を変えたいときは模様替え

もともとベッドルームにあったチェストをリビングに移動。模様替えすると、気分が一新します。いうなれば「空間のマンダラづくり」。むしろ長期間、家具を鎮座させておくほうが稀なこと。

「脚つき」に
こだわります

ささやかな時計好きの空間

時計が大好きで、家にいるときも腕時計は外しません。夏は白系、冬はダークな色とバンドを替えて愉しむこともあります。

中国の龍をモチーフにした時計です

アクセサリーが気持ちよさそう

チェストの引き出しの１つが、アクセサリー置き場。湿気とりにはタイ語の新聞紙。美しい柄のランチョンマットの上で、それぞれがくつろいで見えます。

ネックレスとピアスばかり

いつも近くにある薬箱

ジップロックに入れたマスク、目薬や絆創膏など常備薬を置いている引き出し。わざわざそれらしい薬箱を買わなくても、緊急時に助けてくれるグッズが一目瞭然です。

フタのないカゴで「大まか分け」

保管してある美しい箱

「販売時の箱や袋やパッケージは捨てましょう」が合言葉ですが、宝飾品の箱だけは手元に置いています。ただし美しい箱だけ。

水平面にモノを置かない

1つ置くと、2つ3つと置かれていく

家の中には水平面がいっぱいあります。

床、テーブル、キャビネットの上、ソファの座面、キッチンの作業台、洗面台。水平面にモノを置いた時点で、そこからモノの繁殖は始まります。1つ置いたら、2個、3個……。「置いてもいいよ」と許可されたと私たちは解釈するのです。

水平面にはモノを置かなくてはいけない、と思い込んでいる人もいます。窓枠、段ボールの上、金庫の上。さらに、置いたモノの上に水平面を見出し、モノを置く。「これは置いているのではなく、飾っているの！」という人もいるでしょう。ところが、飾りグッズの横には、いつのまにかティッシュペーパーが置かれています。すると腕時計やボールペンも並びだします。これが現実。

あるお宅のキッチンには、いろいろなモノが「床に直置き」されていました。ミネラルウォーター6本パックと業務用調味料がキッチン収納の前にドンと置かれ、収納扉は開き

**水平面に
モノ、モノ、モノ**

まんべんなく置かれ、水平面が見えなくなっています。視界に雑多なモノが飛びこんでくるストレス、動きを制限されるストレスが積み重なります。

ません。ということは、扉の中身は必要のないモノたちが詰まっているわけです。収納スペースが1つ減り、そこに入るはずのモノが外にあふれ出る仕組みです。

壁に立てかけて置くタイプのハンディ掃除機も、油断はできません。床にモノが置いてあるだけで「安心して」その横に買い物袋を直置きしやすくなるからです。

テーブルに置いておくのもNG。テーブルにあるモノは、「今、使っているモノ」に限ります。

例えば、わが家に編集者さんがやってきて、ダイニング兼書斎テーブルで打ち合わせをしています。このときテーブルの上には、企画の資料、関連書2冊、ボールペン、サインペン、飲み物、お菓子、お手拭きのペーパーがあります。ただしこれらは、「置いているモノ」ではなく「使っているモノ」。打ち合わせが終わると、これらのモノは全部引き上げて、水平面がふたたびきれいな顔を出すのです。

キレイな部屋をつくる「3つの水平面」

手の届かない「収納」はいらない

「スッキリした部屋に帰ってきたい」と思う方は、3つの水平面に注目しましょう。それは、床、テーブル、そして目の高さ。目の高さとは、棚やキッチンカウンターなどを指します。

この3ヵ所は、モノが置かれやすい場所。そして、置かれたモノが目につきやすい場所。言い替えれば、この3ヵ所に置かれたモノは、私たちが生活の中で使っている「生きた関係」にあるモノ。したがって、この3ヵ所をキレイに片づけて家を出るだけで、空間の印象は変わります。

床にモノを置かない。
テーブルにモノを置かない。
目の高さにモノを置かない。

３つの水平面からモノをなくしたら

161ページと同じ部屋。３つの水平面からモノを取り除いたら、これだけ印象が変わります。好みの置き物やお花を飾りたくなります。

この3ヵ所は、手が届きやすい場所です。逆に言えば、それ以外の場所は手が届きにくい場所。よって、手が届きにくい収納スペース――天井ギリギリの収納、奥行きがありすぎる収納――は機能しないと考えたほうがいいでしょう。

大容量収納をうたうキッチンには、この「天井収納」が多く存在します。踏み台に乗ってなんとかモノを納め、私たちはそこで満足してしまいます。まさに忘却グッズ促進剤。私はこの収納スペースは、基本的に使わず空けておき、使うとしても「手前」だけを活用しています。

私のように「ポリシー」を持っていても、そこを使いこなすのは難しいのです。

中国に断捨離ツアーに行ったとき、興味深い「収納」に出会いました。

そのお宅はコの字型キッチン。作業台下のスペースを有効利用しようとしたのでしょう。コーナー全体が引き出しになっていて、そのまま全部引き出せるのです。引き出した中には、ありとあらゆる調味料が並んでいます。

あふれ続けるモノに対峙し「創意工夫」で乗りきろうとしている姿が見てとれます。

「断捨離はただ捨てるにあらず」。こう言い続けてきたけれど、モノ、モノ、モノであふれる光景を見ると、「いいえ、断捨離はただ捨てるのみ」と言いたくなるこの頃。

キャビネットの前にモノが積まれて扉を開けることができないのならば、このキャビネットの中身は無用となって久しいはず。だから、キャビネットごと捨てる！

ソファがモノによって占領されているならば、誰も座ることはできない。モノを置くためにもっと機能的な備品はあるはず。だからソファは捨てる！

まるで水平面とモノとは吸着関係にあるかのようです。でもじつは、問題は私たちにあります。どこまでも水平面にモノを置きたがる私たちに。この無自覚、無意識の習性に気づかないかぎり、問題は解決しません。

断捨離の「捨てる」は、この無自覚、無意識な習性から卒業していくためにするのです。

コラム

大人の女はひとりごはんを愉しむ

食は何であれ、その土地で食べ、味わうことにはかないません。気候風土、雰囲気、季節を合わせての食ですから。

東京のいいところは、日本各地のアンテナショップがあること。新橋に、青森の地元の味を提供するお気に入りの居酒屋さんがあります。行きつけというわけでもないし、ご主人と顔見知りのわけでもないけれど、よくひとりで行って食べています。誰に気兼ねするでもなく、ふらっと気のままに。

そんな「ひとり外食」も好きだけれど、家でいただく「ひとり会食」も好みのスタイル。

お気に入りの器を引っぱり出して、大きなお皿にぽっちり盛りつけて、トッピングだけは盛大に。ひとりで心置きなく味わい、自分のための自分だけの食事。

今は家族のための食事づくりをしている人も、あと5年、10年もしたら子どもはひとりで動くようになるでしょう。

人間はいずれ、ひとりになります。家族がいても、自立した縛られない関係を築いておくことは大切。

いつだったか、仕事でよくご一緒する先輩女性とフレンチレストランに食べにいったときのこと。カップルや友人で食事をする人たちでお店は満員状態のなか、ひとりで食事をする老婦人をみつけました。おそらく70歳をはるかに超えているでしょう。

「ねえ、やましたさん、ああやってね、ひとりで堂々とレストランで食事を愉しみ、ひとりでじっくりとバーでお酒を味わう。それができるのが、大人の女の条件というものよ」

と先輩女性。そうか、人生を愉しめることは、ひとりを存分に愉しめることなのだ――「人生の達人」の姿に私は大きくうなずいたのです。

自分で自分をもてなせる人でありたい。

第4章

「週末家事」

休日を家事でつぶさない！

「週末家事」のルール

週末、何をして過ごしますか？

旅行、スポーツ、読書、ショッピング……休日は好きなことをして時間を使いたいですよね。

とはいえ、生活するかぎり、家事がゼロにはなりません。食事も洗濯もある。身のまわりは最低限キレイにしておきたい。「こまめ家事」をして、片づけていくべきことは片づけていく。これは平日と変わりません。

平日できなかった家事を「週末にまとめて」となれば、負担は大。

週末家事とは、そんな「積み残し」を片づける家事ではなく、週末だけやれば済む家事のこと。ふとんのお手入れのように、週に一度すればいいことを見極めること。

そして、週末は心ゆくまで遊び愉しみましょう。

やましたひでこ流「週末家事」の流れ

午前8時

少し遅めの「おはよう」

原稿も大詰め。深夜まで作業した翌日は、ゆっくり目覚めます。

カーテンを開ける

東京の街の空はどんより。雨が降っているのか否か、高層マンションからは判断つかず。

今日は寝具洗濯デー

週に1度のふとん・枕カバーとシーツの洗濯。天候に関係ないのはありがたい。

朝風呂の準備

ベッドルームからバスルームへ直行。お湯を張ります。

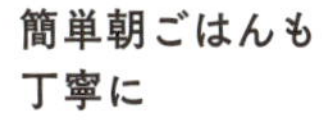

簡単朝ごはんも丁寧に

今朝も酵素ジュース。どんなに忙しくても、「いただきます」は忘れずに。

休日はシーツを洗濯する

いつもよりちょっと遅めの朝。カーテンを開けると、すっかり日は昇っているけれど、東京の空はどんよりしています。

高層マンションは眺めはいいけれど、雨が降っているのかいないのか、わからないのが難点。まあ、今日は原稿執筆の日だからよしとしよう。

休日は、ベッドシーツやふとんカバー、枕カバーの洗濯デー。ごっそりはずして洗濯機に持っていき、ついでにお風呂のお湯を張ります。

前夜は会食だったので、朝ごはんは軽めに、酵素ジュース。準備も1分、後片づけも1分。ただし、飲むときは立ち飲み、ながら飲みをせず、椅子に腰かけて「いただきます」。

午前9時

**シーツは
たたんで洗濯機へ**

大きなサイズのふとんカバーは、ファスナーを閉じ、折りたたんで洗濯機に入れます。

朝風呂の合間に洗濯

いつもの通り、お風呂に入っている間に洗濯スタート。ああ、気持ちいい。

**シャツもシーツも
浴室乾燥**

パーッと広げて干すスペースがないので、シーツは2つ折りでパイプにかけて干します。

浴室も洗濯物も同時乾燥

休日の洗濯は、寝具もあるので、いつもより多め。洗濯機にたくさんのモノを詰め込むと、結果的に汚れ落ちもよくないので、二度に分けてまわすこともあります。

洗剤は、界面活性剤を使っていない「オールシングス・イン・ネイチャー」。100%植物由来で、排水によって川や海を汚しません。自分のできることを少し恩返し、これが私の「エコ」の考えです。

洗濯している間にお風呂。上がったら、お風呂掃除。そして、部屋着を着、洗濯したモノをハンガーで干して、浴室乾燥。これは毎日の「流れ」。シーツなどの大きいものは、2つ折りにして直接パイプに干します。

午前10時

自然に手が動く「そのつど掃除」

水しぶきをそのままにして洗面所を後にするなどできなくなっています。

魔窟の断捨離スタート

テスト前に引き出しの中を整頓したくなるように、締め切り前の断捨離スタート。

執筆前に、気になるお掃除

断捨離すると、見えないホコリが見えてくる。というわけで、あちこち拭きまわる。

断捨離、はかどりました!

手洗い、歯磨き、メイクをしたら、洗面台・洗面所の掃除。トイレに入ったら、トイレ掃除。使ったモノと場所を後始末するのは、しごく当然のこと。「そのつど掃除」に慣れてくると、しないで立ち去ることが気持ち悪く思えてきます。

さあ、今日は原稿書き。でも気になってくるのが、書斎のクローゼットの奥に見えるモノの影。そういえば、何やら不純な動機で買ったモノたち。魔窟の断捨離せずに原稿にはとりかかれぬ、と始めてしまいました。

ひと段落すると、原稿に向かいます。が、ふと見ると、書斎の家電に白く浮いたホコリが気になる! ということで、ひとしきり「掃く・拭く・磨く」。

午後5時半

**洗いたてシーツで
ベッドメイキング**

「簡単ワザ」でふとんにカバーをかけたら、寝心地よさそうなベッドのできあがり。そして外出着に。

**気分転換を
兼ねての夕ごはん**

家にこもっていた日は、外の空気を吸いに行こう。近所の商店街をぶらぶら。

気ままな居酒屋ごはん

浴室で乾燥していた洗濯物を、ハンガーのままクローゼットに戻します。下着類をフタのないカゴへ、タオルを洗面台の引き出しに戻すのも、いつもの「流れ」。キレイになったシーツ、カバー類は、ふとんにセットしてベッドメイキング完了。

部屋着からラフな外出着に着替え、ハンドバッグにお財布とスマホを携えて、夜の街へ。この日は、気になっていた焼き鳥屋さんの暖簾（のれん）をくぐったものの、満席だったため、向かいの居酒屋さんへ。それも出会い。海の幸のおいしいお店でした。

午後9時

リビングに傘を広げておく

湿った靴や傘は棚にしまう前に乾かし、恒例のバッグとお財布を俯瞰します。

ピリッとした部屋着に着替える

今夜は長い夜になりそうだ。「執筆モード」の部屋着に着替えます。

いつでもどこでも後始末

メイクを落とし歯磨きしたら、洗面台「そのつど拭き」。お風呂で足も洗っておこう。

夜なべで原稿書き

断捨離してスッキリした書斎でパソコンと向き合い、夜は更けていきます。

雨の日の1分お手入れ

「ただいま」。外は雨だったので、パンプスの泥を布で拭い、傘をリビングに広げておきます。

ハンドバッグの中身をカゴに移し、お財布からレシートや小銭をとり出して、所定の引き出しへ。

そして、手洗い、歯磨き、洗顔。使った洗面台を拭いておくのはいつものこと。

遅い時間なので、寝間着に着替えてもいいのだけど、部屋着に。なぜなら、これから原稿書きの長い夜が待っているから。締めつけのないゆったり感と、ほどよい緊張感のある部屋着で机に向かいます。昼間、断捨離したおかげで、見えないところまでキレイにした爽快感を覚えながら……。

ふとんカバーの簡単な取り替え方法

シーツやカバー交換するのは、なかなか大変な作業です。ふとんカバーの取りつけは、ベッドの水平面を活用するとラクですよ。ベッドの両側を空けておくと、より動きやすくなります。

ふとんカバーを洗濯するときの手順

① ふとんカバーをはがします。

② はがして裏返しになったまま、ファスナーを閉めて、折りたたみます。

③ 折りたたんだ状態で、洗濯機へ。干すときは、2つ折りにして浴室乾燥します。

ポイントは「裏返しのまま洗う」！

ふとんカバーを取りつけるときの手順

① ベッドの上に、ふとんを広げます。ふとんの上に、キレイになった裏返しのふとんカバーをのせ、4隅のひもを結びます。

② ひもがない場合は、強力な洗濯バサミで一時留めしておくのがコツ。

そして「裏返しのまま取りつける」!

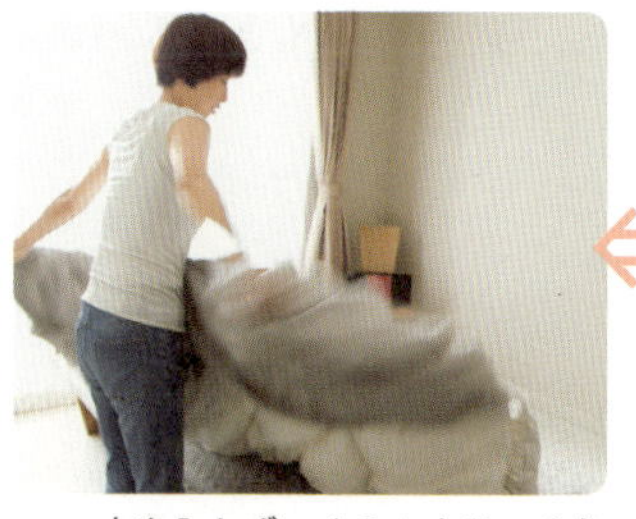

③ 力を入れず、くるんとひっくり返します。

④ しわをスーッとなでて整えれば、

⑤ 「寝ることは旅」が叶うようなベッドになりました。

換気扇・エアコン掃除のタイミング

プロに依頼するのも手

大掃除の定番、エアコンのフィルター掃除やレンジフードの換気扇掃除。どのくらいの頻度でお手入れしていますか？　年に一度？　半年に一度？

最近は、自動洗浄つきといった便利な機能も誕生しています。放っておいてもホコリやカビや油汚れから守ってくれるありがたい機能です。

でもちょっと待って。そこには誤解もあるようで、いずれも「最低限のお手入れ」は必要とのこと。たまった油が小さなコップに入る機能を備えた換気扇もありますが、油汚れがないわけではないのです。換気扇もエアコンフィルターも、掃除はラクになったけれど、しなくていいわけではないのが現実。それに立ち向かうには、やっぱりエネルギーがいりますよね。そこでどうするか。

専門の清掃業者さんにゆだねましょうよ。と言うと、「お金があったらできるけど……」と及び腰になる人もいますが、ここで発想を変えてください。メンテナンスのためにお金を使いましょう。

メンテナンスにお金をかけることは、自分への投資。自分にくつろぎや休息を与え、「またがんばろう」という再生産につながります。アクセサリーやヘアカットにお金をかけるのと同じ。部屋のメンテナンスにだけ、罪悪感を持つ必要はありません。

昔は、「掃除にお金をかけるなんて」という発想がたしかにありました。今もまだ抵抗のある人はいるでしょう。でも5年前と比べても圧倒的に、「メンテナンスにお金をかけよう」という人は増えています。

換気扇やエアコン掃除は、プロの技術にはかないません。汚れの化学的な成分を分析したうえで、それに対する掃除術でのぞむわけですから。

テレビや雑誌では、ありとあらゆる「お掃除テクニック」が紹介されています。「こんなにキレイになりました！」などとやっていますが、私に言わせれば、「そんなの全部、プロの業者さん」！

こういうのくらいできないといい主婦、いいお母さんと思われない――そんな「賢い主婦」「素敵な奥さん」の発想はもう捨ててください。エアコン、換気扇以外に、家の窓もプロにお願いしてもいいでしょう。窓がピカピカだと本当に気持ちがいいですよ。

メンテナンスにお金をかける

いい空間が私たちにもたらすもの

先日、築13年のわが賃貸マンションにプロの清掃業者さんがやってきました。24時間換気システムが稼働していているこのマンション。高層の密閉マンションのため、「さあ、窓を開けて換気！」というわけにはいきません。その24時間換気システムの年1回のメンテナンスの日が、引っ越しして1年を迎えてやって来たのです。

このメンテナンスは任意かつ有料。前の住人さんはどうやら行っていなかったようで、記録を見ると、前回のフィルター交換は4年前であることが判明。

当のフィルターは真っ黒け。新しいフィルターに替えてもらい、一安心したわけですが、この1年間、このフィルターを通した空気を吸いながら寝ていたことになります。怖いですね。

料金は、清掃代も含めて７５００円。これを高いと見るか、安いと見るか。少なくとも前の住人さんは高いと思ったのかもしれません。だから、見えないのをいいことに放置し続けたのかも。もし、この真っ黒なフィルターを目にしていたら、放置するのは難しいでしょうけれど。

換気システムクリーニングに気をよくした私は、「おうちまるごとクリーニング」の清掃業者さんにもお願いしてみました。「プロの仕事ぶり」をこの目で見たかったのもあります。

水まわり、キッチン、バス、トイレ、フローリング床も窓ガラスも、見事なプロ仕様でピカピカに。

かかった費用は、4万円。たかが部屋のお掃除とみなしてはいけません。これらは、住まいも自分も癒してくれる治療行為、いえ予防医療のようなもの。そう思うと、決して高いものではないですね。

ここでもう一度、整理しましょう。
片づけは、散らかりに対応。
掃除は、汚れに対応。
片づけというものは、モノを減らしていけばよい。

掃除というものは、モノが減らされていれば簡単。

けれど、どうしたって手に負えない汚れはあり、それに対してお金をかけていきましょうという話です。

私たちは、形がないモノに投資することに抵抗があります。「維持管理にこんなにお金がかかるのか！」と驚くわけですよね。

そもそも、維持管理に対する認識が低いことのほうが問題。私はそれを高めたいのです。「お掃除のおばちゃん」を一番の高給とりにしてあげたいくらい。

私たちはいまだ「モノ軸」で暮らし、「空間」の価値がわかっていないのです。空間がすがすがしいことが、どんなに自分にとっていい栄養になるのか。いい空間に身を置くことで、そこから生まれるエネルギーがどれだけ大きいか。

メンテナンスをプロにゆだねることは、サプリメントを摂取しているのと同じ。投資する価値が十分にあるのです。

家電が故障したら？

だましだまし使い続けない

テレビ、掃除機、エアコン、洗濯機――。私たちの暮らしをサポートしている家電製品ですが、ある日ピタッと動かなくなります。

修理の担当者を呼ぶ。でも即日来てくれるわけではない。洗濯は3日も滞らせていくわけにはいかない。どうしよう。

修理の担当者が来た。「年数が経っているから、いつまた止まるかわからない」などと心許ないことを言う。「保証期間」はとうに過ぎており、修理代を支払う。

修理する前も後もなかなかのストレスです。

この場合、とるべき行動は1つ。その家電、買い替えましょう。

それなりの年数が経っていたら、修理して使い続けることはしない。きっとゴミもたまっているし、きっと錆びもある。動かなくなったのはそれなりの理由があります。

使い続けることが美徳という風潮もあるけれど、かばんや靴や宝石とちがって、家電はやっぱり新しいほうが優秀。何かとメリットも多いのです。

家電メーカーの方に、「もし、ご自分が家電を買うなら、どんな基準で選びますか？」とお聞きしたことがあります。

その方いわく、「できるだけ機能がシンプルで、その時代の最新のモノを選ぶ」とのこと。〇〇センサーなどのオプションは必要なし。機能がシンプルなほうが故障しにくいからです。エアコンにしても、最新バージョンほど「エコ」が進んでいて、電気代をずいぶん安く抑えられます。

私も、家電は新しいものがほしくなるタイプ。引っ越しを機に、インテリアに合わせて買うこともあります。いえ、むしろ家電はビジュアル重視で選んでいます。調理器具と同じく、「用の美」ですからね。

取捨選択のルール

本や雑誌はリサイクルする

できるだけ早めに手放す方法

「食は鮮度がすべて」とお話ししましたが、本も鮮度を大切にしています。「今の私」に必要なものかどうか。必要だと思ったら、「ごはん」ですから新しいうちに食べないといけません。図書館で「500人待ち」などという話を聞くと、たまげてしまいます。読みたいと思ったときを逃さず読む。本を読むことは、自分への投資です。

また、私は書き込みをしながら読むという理由で、図書館からも他人からも本は借りません。そして、私が読んだ本はマーカーだらけになります。

ときに、ひと口食べて「ちがうわ」と思う本もあります。『おいしそうだからこのメニューを注文したけれど、まちがったわ』ということは、よくあること。買い物には、失敗がつきものですから。

その本は、そこでおしまい。パタッとページを閉じます。同時に、1冊の本から1行でも得るものがあればよし、という考えもあります。

書籍の購入は、2～3日に1冊のペース。仕事柄、送られてくることも多く、どんどん増えていきます。そこで「総量規制」。

手元に残る本は、「食べてみておいしかった本」。現在はおよそ300冊。書棚の限られたスペースで、その取捨選択に日々格闘しています。

雑誌は書籍よりサイクルが早く、どんどん手放します。誌面がキレイなのでコレクションしている人もいますが、私はしません。「雑誌＝情報」だと考えているからです。

書籍も雑誌も、手放すときは人にもらってもらいます。「もしよかったら」と声をかけ、好きなものを持ち帰ってもらいます。

自分が使ったものを「売る」という感覚はなく、どこかで役に立つならばそれでよし。

本や雑誌に限らず、モノを手放すときは、できるだけ時間と手間のかからない方法を選

本は自分への投資

自分にとっておもしろい本、そうでない本があるのはたしか。ただ、一度読んでみなければわからないもの。「おもしろくないけど、とりあえずダラダラ読む」はナシ。

びたいものです。

例えば、「フリーマーケットに出そう」と考えていると、なかなかチャンスは訪れません。日頃からフリーマーケット慣れしている人ならいいけれど、洋服を出すにしてもクリーニングが必要だったりして、お金や手間がかかります。フリーマーケットはイベントとして愉しんだらいいですね。

リサイクルを考えるなら、古書店やリサイクルショップ、バザーがオススメ。ネットオークションに出す場合は、売れるまでの期限を区切って早めに手放すのがポイントです。

「捨ててもいい？」「捨てちゃダメ？」

それは自分が決めることです

断捨離初心者さんからの質問には、次のようなものが圧倒的に多いのです。

「写真が捨てられないのですが……」

「もらったモノが捨てられないのですが……」

「親の形見をどうしたらいいかわかりません……」

これらの言葉のあとには、

「どうしたらいいのですか？　やはり捨てたほうがいいですよね？」

と続きます。多くの人たちは「まだまだ捨てられない」と悩み、その解決策を他者に求めるのです。私はこのような相談や質問に対して、こう答えています。

「捨てたほうがいいのか、私が決めることではありません。なぜなら、それはあなたのモノであって、私のモノではないからです」

それから、こう質問を返します。

「あなたがそれを捨てたいと思う理由はなんですか？」

「捨てる必要性は？　捨てる意味は？　教えてくださいますか」

ここで悩みの主は沈黙します。そう、初めて考え出すのです。

断捨離を外に向かって発信しだした当初、多くの人たちの「もったいない」という価値観に遭遇することになりました。

「モノを捨てるなんて、そんなもったいないことできません」

「そんなもったいないことをしたら、まわりにどう思われるか」

そうやって「もったいない」という言葉にしがみつき、何がどう「もったいない」のかを考えようとしない。

だから私は思います。こんなふうにとっておかれるモノの量は、「もったいない」という価値観の表れではなく、「思考停止」のバロメーターなのだと。そして今の私は「もったいない」という固定した思考から、「捨てる」という新たな固定した思考におつきあいしているのだと気づいたのです。

写真であれ、もらいモノであれ、形見であれ、自分に必要だと考えたのならば、とっておけばいい。必要でないと考えたのならば捨てればいい。

とっておく意味が見出せたなら、とっておけばいい。とっておく意味が見出せないのであれば、捨てればいい。ただ、それだけのこと。

そう、自分で考えることを止めてはならないのです。思考の放棄は、人生の放棄にほかならないのですから。断捨離とは、思考の取り戻しであり、人生の取り戻し。

「捨てる」「捨てない」にとどまらないのです。

私自身、断捨離を提唱したのは、断捨離が得意ではなかったからです。

ともすると、未練たらたら、判断の先送りをしがち。それは「モノ軸」の証拠です。

そこで「空間軸」にシフトしたら、より俯瞰できるようになり、モノにふりまわされることが減りました。

「空間」＝「思考」なのです。

ティッシュは引き出しの中に

ベッドルームは、安全安心が基本。棚が倒れたりモノが落ちてきたりしないよう、家具は背の低いモノで統一。出しておくのは、インテリアとして飾りたいモノだけ。

手紙、はがき、名刺をどう処分する？

自分の気持ちにウソをつかない

少し売れ出した漫才師さんに、こんな相談をされました。

「いただいたファンレターがたくさんあるんですけど、どうしたらいいですか？」

「だって、最初にもらったときのようなうれしさはないんでしょう？　じゃあ、その気持ちに従ってみては？」

「捨てていいんですね！」

いただいたモノをどうするかは、自分が決めること。他の人が知らないことに対して、自分で自分のウソを重ねる必要はありません。

手紙やはがきやプレゼントは、その瞬間を受けとるということ。気持ちを受けとるということ。

そのうえで、「これ、どうしようかな……」「捨てたらもったいないかな……」と迷い出したら、心が離れてしまったということ。その気持ちを抱いたことを素直に認めていいのです。

本当に大事だと思ったモノは、断捨離対象品目に浮上しません。「ああ、うれしい！」「ああ、懐かしい！」「じゃあ、とっておこう」となります。

「あれ？」と思った時点で、ここに齟齬（そご）がある。いただいた気持ちを大事にしながら、きちんと成仏させてあげる。

私は、手紙やはがきを捨てるとき、自分の手でびりびり破きます。破かないと未練が残る気がするので破く。それが私の儀式です。

手紙やはがきとちがって、名刺はその日に処分させてもらっています。この1枚の名刺で相手の情報を確保しようなどと思うでしょうか。大事な人は、メールですぐ連絡がとれる時代です。

名刺とは、お会いしたときに名前をわかりやすく伝えるもの。あくまで初めて会った、その瞬間、その場のものだと思っています。

「とりあえず」のモノはないほうがマシ

置き物を愛(め)でる

ある旅先で「記念品」をいただきました。思いのこもったモノだとはわかりましたが、まったく関係のない人の記念品をいただくのは、いささか困ってしまいます。

こうしたモノには「猶予期間」を与え、少しの間だけ手元に置いておきます。

この場合は、およそ1ヵ月。「こんなモノもらったよ」と旅の土産話で友人に見せ、役割は十分果たせたはず。猶予期間はだいたい1ヵ月から長くて半年ですね。

ある対照的な2つの空間があります。

1つは講演会をしたときの青年会議所の事務所兼応接室。

「ここで待っていてください」

と通されたのですが、なかなかすごい空間でした。ソファにはモノが積み上げられ、腰かけるスペースなどありません。床置きのモノ、モノの上に積まれたモノ。ある意味わかりやすい「散らかり空間」です。

一方、あるメーカーの建物の応接室。ソファとテーブルの応接セットがあり、キレイに片づいていましたが、私にしてみれば、じつはどちらも同じ。置いてあるモノになんの愛情もないことに両者は変わりないのです。

後者の棚の上には、鮭熊、こけし、九谷焼の器、木彫りが並んでいます。モノの選択にも、並び方にも、何の意思もありません。おそらく、もらったモノだから、どうにもならないモノだからとただ飾ってある。誰も愛でることなく、そのまま置かれているのがわかりました。

鮭熊＋こけしは、日本の家でよく飾られる代表的な置き物。ちゃんと愛でて飾れば、存在感はぐっと引き立ちます。

モノはとりあえず置くくらいなら、置いていないほうがずっとマシ。「とりあえず」は、モノだけでなく、私たちの生き方を映し出すのです。

子どもの作品をどうする？

「記念撮影」でみんな満足

料理に限らず、「手作り」をありがたがる風潮があります。手作りのモノをいただくと、無下にはできませんよね。捨ててしまったらバチが当たりそうで。

いいえ、バチなど当たりません。稚拙な手芸品は、工業製品にはかなわないというのが私の考え。手作りはプロフェッショナルでなくてはならないと思っています。

もちろん、自分が好きで手作りを愉しむのはかまいません。作ったモノを部屋に飾ったり、身につけたりするのは愉しいこと。

ただ、それを人に押しつけがましくプレゼントするのは控えたいもの。「手作り＝愛情」ではないのです。自分の子どもの図画工作なら、たとえ稚拙なものでもうれしいけれど。

テレビの取材で、あるお宅を片づけに行きました。母屋にご両親が、同じ敷地に長男が家を建てて住んでいます。母屋に残った長男の部屋の荷物を、一緒に片づける場面があり

作品と子どもの笑顔の「瞬間」を収める

子どもが一生懸命作った図画工作品。お母さんお父さんが批評家になるのでなく、まずはほめてあげたいですね。その笑顔と共に「記念撮影」すれば、子どもも満足、親も満足。

ました。

長男さんはとても絵が上手で、お母さんは小さい頃に描いた絵をとっておいています。

その絵を見て、長男さんがひと言。「確かにうまかったなあ。でも、思ったほどうまくないや」。そう言って、その自分の小学生の頃の絵を捨てたのです。

学校で作った図画工作の作品、みなさんはどうされていますか?

成長の証や思い出がいっぱい詰まっているだけに、捨てたくても捨てられない。「どうしたらいいですか?」というご相談も多いテーマです。

こうした作品は、鮮度が大事です。子どもが作って持って帰ってきたとき、お母さんがほめまくるのです。

そして、作った本人と作品を一緒に、写真に撮ります。これで完結。

子どもは十分ほめられて満足するのです。お母さんの笑顔を見たくて持ち帰ってくるわけですからね。そして、お母さんが写真を撮ってくれたこともうれしいのです。そのあと、作品をどう処分するかは問題ではありません。

作品を写真に撮ってアルバムにしているお宅もありますが、ポイントは、作品と子どもを一緒に撮ること。作品だけ撮っても意味がありません。子どもがうれしそうに見せた表情を残しておいてください。

大きな家具はそもそも必要？

ソファはなかなか使いこなせない

すべての不幸は大きすぎるソファから始まる。

こんなことを書いたら家具屋さんに叱られてしまいそうだけれど、これが私の率直な感想。いろいろな住まいにお邪魔して、空間にそぐわない大きすぎるソファを見てきました。これが身動きを制限し、日々小さなストレスを与えています。ソファを乗り越えないとカーテンが開けられない、よって部屋は暗いまま、というお宅もありました。

本来ソファは、広々とした空間にポンと置かれるもの。壁にペタッとするものではありません。

第一、ソファをきちんと使いこなせているでしょうか。せいぜいとり込んだ洗濯物が置かれるか、雑誌が積まれるか、ではないかしら。床に腰をおろして、ソファは背もたれになっていることも。

大型家具であるがゆえに、手放すのも簡単ではありません。家具は大切に使い続けるものという意識が働くからでしょう。それなりの金額も投資しています。

私もかつてソファに悩まされたひとり。よって今はリビングにソファはありません。ダイニングテーブルは書斎机と兼用のものがあります。

部屋に家具は最小限。おかげで、お客さまの人数にフレキシブルに対応する空間になりました。なかには、ゴロンとくつろがれる方もいます。

家具は、こまごまとしたモノとちがって、断捨離の中でも「断」つ勇気が必要。買うときに「本当に必要？」と胸に問いかけてみてください。

私が家具を買うときのポイントは、経年が味わいになること。合板は経年で劣化するけれど、無垢材なら味わいが増します。

ダイニング兼書斎テーブルは、無垢のクルミ材。天然オイルの塗料を施し、傷も味わいになっています。ベッドとサイドボード、書斎の棚と共に、数年前にオーダーメイドしました。

そして家具は、必ず脚つきのモノを買います。床の水平面が見えることで、空間がスッキリした印象に。掃除もしやすく、相棒のルンバくんものびのび動きまわれます。

大きなモノ、大量のモノの捨て方

使わないふとん、どう処分する?

天井裏から使っていないふとんが100枚出てきた。そんな笑えない話があります。

義理の両親と暮らした石川の家にも、ふとんが大量にありました。なぜそうなったか。

昔はたいていお客さま用のふとんを用意してありました。親戚が来たときのために上下で2枚。そして毛布が1枚。それが4セットあったら、3×4=12枚になります。

収納しておくと、だんだんうらぶれてきます。そこで、次のイベントのために、新しいモノをまた3×4=12枚新調する。といっても、以前のうらぶれたふとんは使えないわけではないからとっておく。

それを40年間住み暮らし、4回ほど繰り返したら、本当に100枚になるのです。

使えるから、捨てられない。

こうした心理的な問題もありますし、捨てるのが大変という物理的な問題もあります。

大きいし、かさばるからポイと捨てられるモノではないし、捨てる日が限られる。捨てるにも手間がかかるのです。

ましてや人に譲るわけにもいかない。ふとんは寝ている間に私たちの想念がこれでもかと入っているわけですから、気持ち悪いですよね。加えてダニの温床です。絶対に捨てるべきモノですが、捨てられないのです。

そこで、第1章にも登場した、24時間利用可能な「ゴミ捨て場」、納戸や物置き、天井裏へと移動していくのです。

では、こうしたふとんをはじめ、大量のモノ、大型のモノをどう捨てるか。

私がある雑誌の「断捨離企画」で実行したのは、業者さんにお願いすることでした。廃品処分の専門業者に思いきって依頼し、持っていってもらう。

このとき、2トントラックで8000円。別の業者は2万5000円だったので、ずいぶんお得でした。ゴミの量によって交渉してみるといいでしょう。ふとんは家に1~2組あれば十分。今は親戚が泊まりにくる習慣も消えつつありますからね。

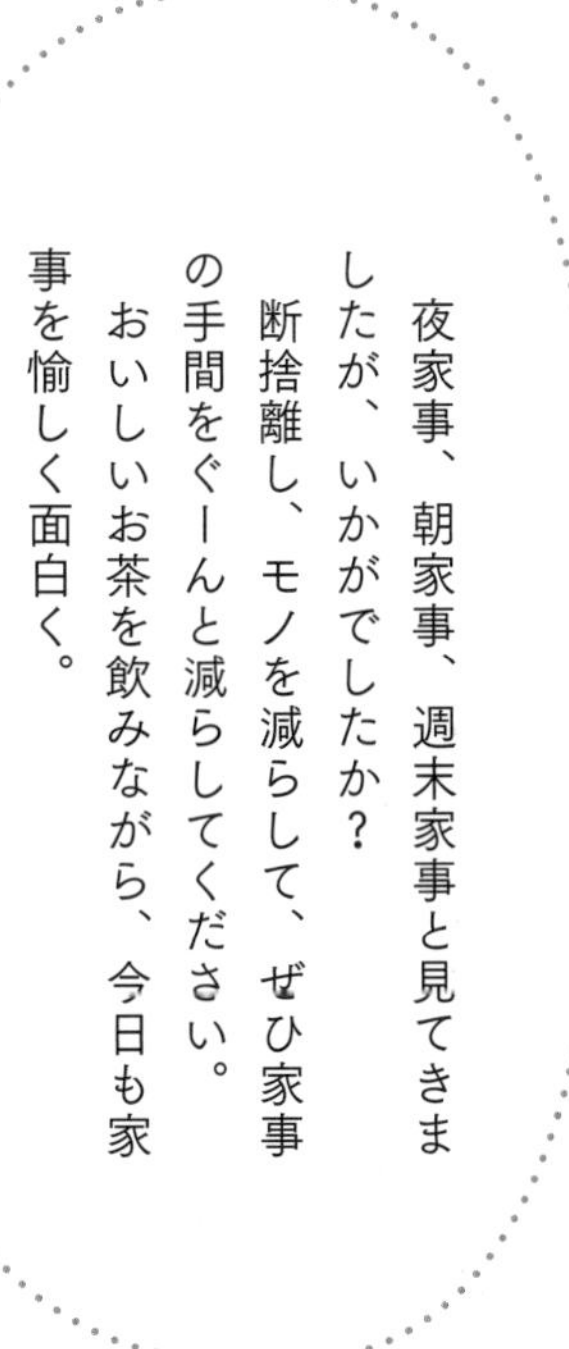
夜家事、朝家事、週末家事と見てきましたが、いかがでしたか？
断捨離し、モノを減らして、ぜひ家事の手間をぐーんと減らしてください。
おいしいお茶を飲みながら、今日も家事を愉しく面白く。

おわりに

家事にはご褒美がいっぱい

家事にまつわること。

料理、片づけ、掃除、洗濯。

いつからだろう、これらに、こんな言葉たちが覆いかぶさるようになったのは。

ちゃんと、きちんと、丁寧に。

けれど、これは無理な期待というもので。そう、果てしない願いといってもいいくらい。

家事を、ちゃんと、きちんと、丁寧に、するには、時間がいくらあっても足りはしない。

いえ、たとえ時間があったとしても、家事にきりはない。

だからなのか、家事には、こんな言葉たちもまた、ついてくるのです。

手抜き家事、いい加減家事、やっつけ家事。

面倒な家事を、いかに手を抜いて、いい加減にして、やっつけていくか。そんなことに
腐心することもある。

けれど、それには、後ろめたさも一緒にもれなくついてくるのです。

そうですね、ちゃんと、きちんと、丁寧にしようとすると、身体が大変で。手を抜いて、
いい加減に、やっつけてしまおうとすると、心が苦しくて。

どちらを選んだとしても、家事は、負担で虚しいことに変わりなく。

でもね、私は思うのです。

家事には、ご褒美がいっぱいだと。

おいしい料理をお気に入りの器で味わううれしさ。

すっきりと片づいた家で過ごす愉しさ。

きれいで清潔なシーツにくるまって眠る安らぎ。

おいしい。

すっきり。

きれい。

これらが、家事の先に待っていてくれるもの。

これらが、家事がもたらしてくれるもの。

そう思うと、家事とは、とってもジョイフルにちがいないですね。

さあ、そんなあなたは、いったい誰とこの喜びを分かち合いましょうか。
ひとりじめ？
もちろん、大切な誰かさんと？
はい、どちらも素敵なことですね。

やましたひでこ

やましたひでこ

一般財団法人　断捨離®代表。東京都出身。早稲田大学文学部卒。学生時代に出逢ったヨガの行法哲学「断行・捨行・離行」に着想を得た「断捨離」を日常「片づけ」に落とし込み、誰もが実践可能な自己探訪メソッドを構築。断捨離は、思考の新陳代謝を促す発想の転換法でもある。処女作『断捨離』に続く、『俯瞰力』『自在力』（いずれもマガジンハウス）の三部作をはじめ、著作・監修を含めた関連書籍は国内累計300万部を超えるミリオンセラー。近著『モノを引き算して大人のすっきり生活』（海竜社）、『モノが減ると心は潤う　簡単「断捨離」生活』（大和書房）もロングセラーに。台湾・中国でもベストセラーを記録中。

- やましたひでこ　オフィシャルブログ「断捨離」
  日々是ごきげんに生きる知恵　http://ameblo.jp/dansharib log/
- やましたひでこ公式HP「断捨離」
  日々是ごきげん　今ここからスタート　http://yamashitahideko.com/
- 断捨離オフィシャルfacebook　https://www.facebook.com/dansharist/
- やましたひでこ断捨離塾　http://www.yamashitahideko.com/sp/danshari juku/

編集協力　門馬聖子

モノが減(へ)ると、家事(かじ)も減(へ)る
家事(かじ)の断捨離(だんしゃり)

2017年5月1日　第1刷発行
2018年11月5日　第11刷発行

著者　やましたひでこ
発行者　佐藤　靖
発行所　大和(だいわ)書房
東京都文京区関口1－33－4
電話03(3203)4511

撮影　金子睦
イラスト　福々ちえ
デザイン　吉村亮（Yoshi-des.）

印刷　歩プロセス
製本　ナショナル製本

ISBN978-4-479-78384-8

http://www.daiwashobo.co.jp